肌肉解剖透视版

健身八段錦

少林武学传人 林胜杰（延胜）著

河南科学技术出版社

·郑州·

让身心健康成长的少林武术

两年前的某一天，我的妻子Patricia在客厅收看台湾大爱台的节目，当时正好林师父在介绍少林功夫，并分享自身武学经历。此时，坐在一旁的儿子Rodney突然向我妻子说，他想学少林武术。于是，我们决定送Rodney到台湾习武。

事后证明当初的决定是对的。因为林师父不只武艺高强，为人也十分诚恳谦虚，这对Rodney的身心都有莫大的帮助。在Rodney的习武之路上，林师父一直很有耐心地指导和陪伴他，激发Rodney的潜能，使他在八段锦、易筋经等方面都表现得越来越出色。

“坚持做对的事”一直是我对Rodney的期许。他做到了。如今他以自己的经验不断鼓励他人，并从中获得快乐。这让我相当欣慰。

真的非常感谢林师父所做的一切。我也很荣幸能为本书写序，期盼本书能让更多人受惠，使更多人身心都变得更强大、更健康！

新西兰Briscoes集团执行官｜罗德尼·杜克（Rodney Duke）

Better Physical and Mental Situation by Shaolin Martial Arts

Two years ago, when my wife, Patricia, watched the Da Ai Television, a channel of Taiwan, Master Lin was introducing the Shaolin martial arts and his experience regarding doing them. At that time, my son Rodney sitting beside asks Patricia that he wanted to learn the Shaolin arts. Therefore, we decide to send Rodney to Taiwan for learning martial arts.

It is clear that this decision is appropriate. Master Lin is not only an expert at martial arts, but also has humble personality. His characteristics contribute to shaping Rodney's mental and physical features. Master Lin is patient to teach and be with Rodney, and even more, to inspires Rodney's potential. Rodney performs increasingly better in several arts, such as Baduanjin Qigong, Yijin Jing, and etc.

My expectation on Rodney is to do the right thing. He does it. He keeps encouraging others via his own experience and acquiring happiness through sharing. This makes me gratified.

I really appreciate everything Master Lin does. It is my honor to write this forward. I wish this book could help more people and contribute to others' physical and mental condition greater as well as more healthily.

推荐序

圣徒般的专注者

与林胜杰先生合影于北京同愿书局

和林胜杰先生相交不过两年余，却亲如手足。

这两年来，我亲历了他生活中的诸多片段，唯独不是很了解他的功夫。因为我们在一起，他最喜欢谈论的还是中国传统文化。我知道，他在台湾的媒体曝光度很高，是名人，而在我的心中，他就是一个充满阳光的专注的大男孩。

他对传统文化中的很多层面充满强烈的兴趣——

他热爱书法，尤其喜欢北齐僧人安道一的大字和颜真卿的楷书；

他热爱英雄，来北京的时候，我陪他去祭拜于谦祠、袁崇焕墓；

他热爱文学，讲起苏东坡和辛弃疾，如数家珍；

他更热爱金庸先生的武侠作品，书中的很多细节他常常脱口而出；

他热爱古代兵器，我曾经在旧书店收了一部日本的兵器谱，他看了，爱不释手，一个晚上翻来覆去地看，都无暇顾及我在和他聊天。我最后只好割爱，聊天才得以继续……

他的针灸术得自少林真传，加上他悟性颇高，已经可以解除很多人的病苦。我看过他为很多人诊疗，神情专注，满眼慈悲。有一次在北京，一个著名的中医学推广机构为他拍摄一组八段锦的视频，那天正是盛夏，他不顾炎热，每一个动作都交代清楚，拍好室内拍室外，连摄像师都为他的敬业精神点赞。

本书将要付梓，他嘱我写序言。我思虑良久，写下了上面几个片段。我想，关于他的人生传奇和在养生功夫方面的修为，已经不需要我赘述，倒是他不太为人所知的一面，或许更可以帮助读者领悟他的人生况味。

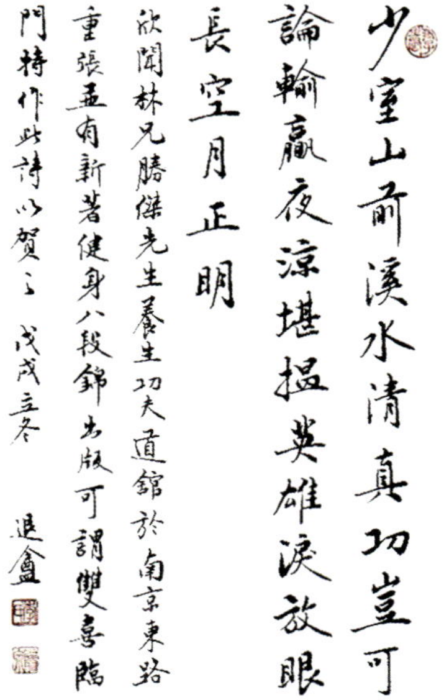

题字贺林胜杰先生新书出版及道馆落成

林胜杰是圣徒般的专注者，此书名为“健身”，亦有“健心”奇效，身心合一、知行合一，方为要旨。看这本书，我仿佛看到他的每一块肌肉都在表达他对生命和他人的爱。

不久前，他的养生功夫道馆在台北市中心南京东路落成，又值此书出版，可谓双喜临门。小诗一首为贺——

少室山前溪水清，真功岂可论输赢。

夜凉堪揾英雄泪，放眼长空月正明。

知名作家、出版人｜李阳泉

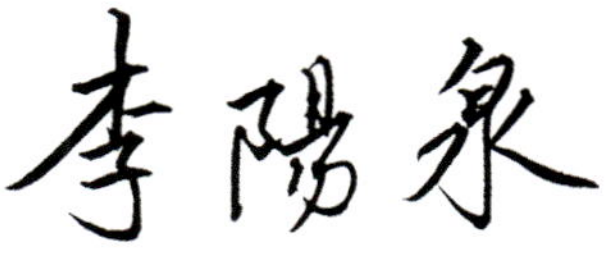

推荐序

兼具预防作用与实用性的健身八段锦

记得年轻时着迷于自武侠小说得知的气功，后来在法院服务时有位同事十分着迷于武术，也曾跟他讨教了一些关于气功的原理及观念，但始终难以理解其要领。

与林老师合影于释门少林养生功夫文化会馆

近几年，我在一个奇特的机缘下认识了本书作者林胜杰老师，看着他凭着一身武林绝学帮助我和家人们摆脱了多年来累积的肌肉酸痛之苦而重拾健康，我心悦诚服，所以自己也成了他的门生。

林老师头脑清晰、武学底蕴深厚，所以教法灵活易懂，他的学生们都是如沐春风、获益甚深。现在，我正在学习健身八段锦，以后我想学易筋经，想对这两门绝学有更实际且更深入的体验和体会。

从我自身工作的角度来理解林胜杰老师的少林养生功夫，二者原理是相通的。公证人这个职业的主要工作大部分时间是预防未来可能发生的法律问题，必要时也可以解决已经发生的法律问题。同样，林胜杰老师的少林养生功夫是种起预防作用的健身功法，大部分时间是预防人们未来可能发生的健康问题，必要时也可以解决人们已经发生的健康问题。

本书是一本健身气功拳法参考书，让读者可以用更科学的方法来理解八段锦这种气功拳法对身体产生的功效，让曾经练过或正准备练八段锦的读者，通过阅读本书体会八段锦的奥妙之处。

（本序仅系个人言论，内容与公会无关）

台北地区公证人公会理事长｜周家寅

导言

为何用肌肉透视图教八段锦？
八段锦可以用来减肥、健身吗？

教武、出书十几年，学员最近常这样问……

如果说现代人流行做有氧操、瑜伽、徒手重量训练（简称“重训”）来健身，那么大约一千年前，华人运动界也出现过一套很火的国民体操，就是八段锦。它起源于军旅武术，后流传到僧侣寺院，渐渐地普及民间；一直到今天，它还是习武之人都会练的一套气功。

很“友善”的一门内功，人人都能练

我从小体弱多病，7岁起父亲教我气功武术，我才逐渐恢复健康；大学毕业后，我申请到嵩山少林寺进修，对少林武僧必修内功八段锦、易筋经等气功，也有了更深的体认。

八段锦由八个段式组成，每段有不同的运动部位、力度及健身效用，少林寺典籍记载，八段锦有调理气血、舒压强身、提升免疫力等作用。几年前我也曾以八段锦为内容出书，推广这套简单健身、人人可做的传统气功。八段锦原理很简单，只要善用呼吸方式，搭配肢体运动，能量就能在体内发挥最佳作用。

而经少林武学融合后的八段锦，更着重以调息导引肢体动作，结合形、神、气，使十二经脉、五脏六腑到全身得以调理，可以舒筋通脉、平衡阴阳、增强体质，进而让我们健身、防病、慢老。

用现代人熟悉的呼吸法拉动肌肉，就能练到气血、经脉

这几年我的学员中，因“文明病”而做康复的有增无减。上班族、运动迷、医护师中亚健康者越来越多，这些“高压族”，包括我自己，常遇到身心密集耗损的情况，如果想在体能、运动上有更好表现，我都教大家做八段锦来调节。

只是我发现，提到练功养生者必知的调息、气血、经脉等医学基本常识（借由调息、练功来舒活气血运行的通道——经脉，才能强身祛病），急性子、初学者容易感觉抽象而困惑，相关动作也做不到位，导致效果不明显就直接放弃，这非常可惜。

上一本书出版后，我就在思考让学员能轻松练气功的方法，用现代人熟悉的运动语言来教授八段锦。

同时，综合出版社建议，基于以下3个简单的概念，而有了这本结合现代科学的肌肉解剖图来教八段锦的图解书。

（1）调息就是呼吸。

（2）气血、经脉就在肌群里面。

（3）掌握呼吸+拉动肌肉，就有健身效果。

在此，感谢插画家汤翔麟先生的精致绘图，我希望让大家看清楚练习八段锦时，肌肉关节明确的拉动部位、顺序、方向、力度，以便更好地达到中西医都赞同的八段锦的全方位健身效果。

只要每次3分钟做全套或单段3次，很快就能看到健身效果！

结合现代医学看八段锦对五大系统的健身效果

若你有兴趣进一步了解八段锦，中西医都有诸多相对应的研究实证。简言之，用现代医学的观点说，八段锦对人体五大系统具有如下效用：

（1）**对心血管系统的效用：**八段锦深长的呼吸调息，可减慢心率、降低心肌耗氧量；又能促进血液循环，扩张血管且锻炼其弹性、预防硬化。气贯丹田和定静作用还能提升血液中的“好胆固醇”（高密度脂蛋白胆固醇），有效预防冠状动脉硬化、心肌梗死、心绞痛。

（2）**对呼吸系统的效用：**少林八段锦特别重视四大呼吸法——吸气、屏气、吐气、气贯丹田，配合肢体动作，起吸落呼，开吸合呼，蓄吸发呼，可促进肺部氧气与二氧化碳的交换，并“按摩”内脏，有效防治鼻喉气管过敏、气喘、肺气肿等。

（3）**对消化系统的效用：**练八段锦时注意用舌头抵上腭，能增加唾液分泌，可中和胃酸，保护胃黏膜，防治消化不良、胃溃疡、胃酸过多或反流。气贯丹田则可促进消化液分泌、胃肠蠕动，预防便秘、胃炎等。

（4）**对神经系统的效用：**八段锦的肢体动作是借拉伸转动、持力、放松，来锻炼全身各部位的筋膜骨肉，还包括有形的血液、血管、淋巴、神经，无形的气流、经脉、穴位。让中枢神经能正常运作，使交感与副交感神经协调，预防神经症、痴呆、睡眠障碍、便秘等。

（5）**对内分泌系统的效用：**八段锦既能调节中枢神经系统，而且对内分泌系统也有一定的调节作用，可调节胆固醇的合成、肾上腺素的分泌。

结合运动学看八段锦
对全身部位的健身效果

再就运动物理学看八段锦的动作，我说它是“4D全方位健身操”——锻炼到全身的肌肉和关节，从无形意念到有形肉身、从呼吸到肢体、从核心中轴到四肢末梢、从步骤过程到组式作用，亦即从内到外、从左到右、从高到低、从前到后，属于超乎平常活动、循序渐进的潜能训练。

它并非重复单一动作的运动，因为有意念主控、过程时间的因素，所以即使做同一段式，每次的感觉和作用都不尽相同。而要达到最好的健身效果，第一要素就是意念要专注在运动的部位，尤其要感受脊椎的运动方向。

中医看八段锦
对十二经脉的健身效果

八段锦是一套养生气功，与调息、气血、经脉的关系密不可分，在本书第1章，我也将为大家说明八个段式之于十二经脉的作用及可防治的病症，并附上图表，帮助大家更快上手，可实际应用于治酸、解痛、健身、减重、抗老等方面。

林勝傑

目 录

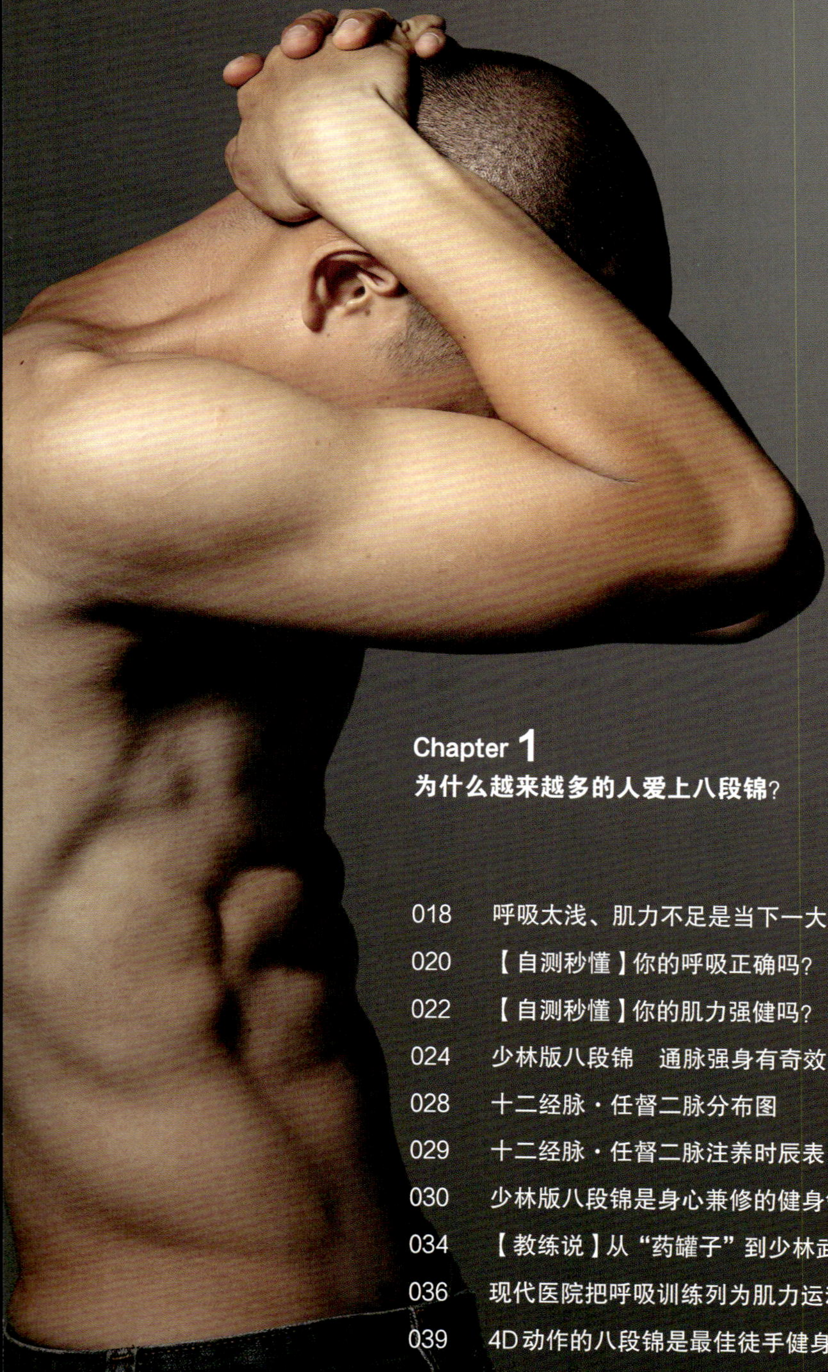

Chapter 1
为什么越来越多的人爱上八段锦？

Chapter 2

【图解】做八段锦前的热身练习

呼吸＋伸展训练，由内到外引燃能量！

Chapter 3

八段锦各段式肌肉透视图

全身保健，4D健身，每次3分钟也有效！

1

2

3

4

5

6

7

8

Chapter 4

八段锦选招辅训

选对招勤练习，可辅助其他运动！

Chapter 1

为什么越来越多的人爱上八段锦？

呼吸太浅、肌力不足
是当下一大健康危机!

武术班的学员实证
健身八段锦改善了他们的体质

本书首用运动肌肉的剖析角度，来介绍八段锦这套近千年的气功，很大原因是受到我们武术班上医生、运动员等学员的启发。大家原本对气功畅通气血的保健效用就很认同，渐渐还发现结合科学的肌肉运动原理来做八段锦，能更快速有效地改善亚健康问题、慢性病，促进运动能力。

而当中最关键的作用，就是八段锦能化解当代人呼吸太浅、肌力不足的危机！起因是很多人忽视自己的不良生活习惯：缺乏运动，代谢很差；熬夜乱序，生理失调；压力过大，损耗心神；饮食太快，量多味重；等等。还有周边环境的毒害。

八段锦练呼吸、肌力，
是十二经脉、五脏六腑的全身运动

要维持呼吸和肌力丰沛，要靠气血的能量，这和先天、运动、饮食三方面息息相关。中医认为气为生命之本，血为真气之母，血能载气，气来自呼吸（肺）、遗传（肾）、饮食（脾）；而现代医学证实，有氧运动是维持气血质量和循环最好的方法。

气功 = 呼吸＋功法，八段锦兼具有氧、强肌作用，是适合每天做的运动，特别针对防治气结、血浊、血管硬化，可打通气血运行最重要的通道——十二经脉和穴位，帮助全身内脏、筋肉做自愈力运动，消除各种病症。

呼吸太浅、肌力不足，伤害全身系统！

心血管：肩颈酸痛、心肌无力、心肌梗死、血氧不足、动脉硬化、心房颤动、中风、痴呆、视力衰退……

呼吸：肺活量不足、呼吸中止或障碍、无法咳痰、慢性阻塞性肺疾病、手脚麻痹……

消化：吞咽困难、胃肠胀气、消化不良、便秘、免疫力下降……

神经：自主神经功能失调、失眠、焦躁抑郁、肠胃病、运动不协调、行动障碍、脑神经病变、感觉认知异常、五官功能异常、手脚麻痹……

内分泌（脑垂体、甲状腺、甲状旁腺、肾上腺、性腺）：代谢症候群、“三高”、骨质疏松、身高体重异常、妇科疾病、肿瘤……

筋骨：肌肉酸痛、脊椎歪斜僵硬、关节炎、肌无力症、眩晕、行动障碍……

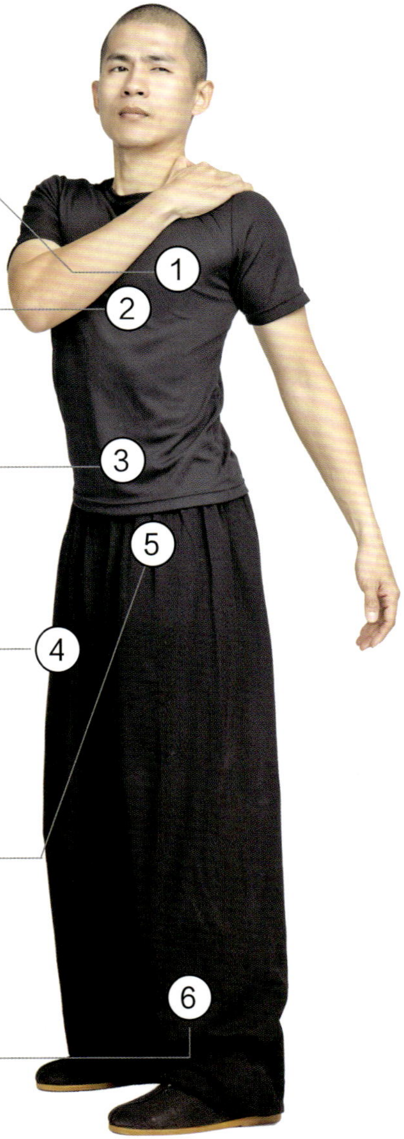

【自测秒懂】

你的呼吸正确吗？

★ 经常：5分　有时：3分　很少：1分　没有：0分

1	看胸腔起伏觉得呼吸浅短、急促	
2	很难做到屏气	
3	无法控制吸气、吐气长度	
4	无法控制用鼻或口进行吸气或吐气	
5	呼吸每分钟18次以上	
6	心搏每分钟100次以上	
7	不会做腹式呼吸，无法用腹部肌肉按摩脏器	
8	运动时总是憋气，闭着嘴巴	
9	游泳不擅长换气	
10	很少散步和运动，运动容易喘	
11	有心房颤动病史	
12	有吞咽困难、常呛咳	
13	无法自己咳痰	
14	空气中有异味就会咳一下	
15	喉咙有异物感	
16	常头痛或偏头痛	

（表格未完，接下页）

总分分析▶

0～40分：别熬夜！

你的呼吸方式和健康状况算良好，只需保持舒压和运动习惯，注意不要熬夜。建议每周至少2～3天做伸展操或八段锦，以及每小时一次3分钟的深呼吸。

41～70分：加强上身做操！

健康和呼吸状况开始退步，应改掉抽烟、酗酒、熬夜的习惯。建议每周至少4天做八段锦，并加强上半身段式，以改善亚健康症状，恢复健康，提升体能。

正确呼吸对人体健康有三大作用：① **拉伸肌肉并活动关节；② 强化身脑平衡和协调性；③ 促进气血运行**。

你的呼吸正确吗？请据实回答下列各题。呼吸会反映身体的功能、压力、睡眠问题，显示健康状况。而且，练习气功八段锦之前，也应该了解自己的呼吸方式。

17	常感觉肩、颈、背酸痛或胸闷	
18	不自觉就会耸肩	
19	眼睛酸酸的，视力退步	
20	胃常不太舒服	
21	容易焦虑、没耐心、生气	
22	对空调、天气变化容易过敏	
23	觉得疲倦	
24	忽然觉得心跳很快	
25	觉得口很干	
26	想要抽烟或喝酒	
27	经常忘东忘西	
28	手脚冰冷、僵硬、麻木	
29	常熬夜、失眠、打呼	
30	常便秘、拉肚子	
总分		

71 ~ 100分：健康检查找问题！

可能长久呼吸或运动换气方式错误，或呼吸、代谢方面有宿疾，系统功能不佳，也或者处于空气不佳的环境。建议体检找出问题，遵医嘱进行调理，并在每天早上至少抽出15分钟做八段锦。

101~120分：寻找做操同伴！

亚健康状态或是长期患慢性病，应继续遵医嘱调理或治疗，并在每天早晚各做15分钟八段锦。最好找做操同伴，培养体能方面的兴趣，及时舒缓身心压力。

【自测秒懂】

你的肌力强健吗？

★ 经常：5分　　有时：3分　　很少：1分　　没有：0分

1	肢体一侧变萎缩	
2	感觉肢体僵硬、末梢冰冷	
3	蹲厕所或马步蹲不下、蹲不久	
4	下楼梯、下坡腿发抖，上楼梯很辛苦	
5	手脚关节伸不直，睡觉时常抽筋	
6	抬肩动作慢且不到位	
7	敲膝反射时小腿乱晃	
8	肢体打开的动作无法做到位	
9	活动时觉得关节有声响	
10	单手或单脚无法用力，无法单脚站	
11	身体半边无力侧转或侧撑	
12	两腿无法用力	
13	手臂无力贴耳高举	
14	四肢无力，难以坐直	
15	大腿或脚板渐渐呈外八形	

（表格未完，接下页）

总分分析▶

0～40分：年轻人多动多吃！

你的肌力尚好，或因为年轻，不觉得肌力在流失。建议做八段锦时，多做几次强力招式（第2、4、6、7段）。每周1～2次肌力运动，注意蛋白质摄取要够。

41～70分：锻炼核心肌群！

因缺少运动，或肌肉流失，肌力和体能开始退步，内脏脂肪也在囤积。建议改掉抽烟、酗酒、熬夜、吃甜食的习惯，并每周3次针对核心肌群做伸展和肌力训练。

肌力不是男性、年轻人才需要，也不是只有手脚需要强健的肌力。每个人从小到老、从四肢到内脏，都需要肌力来支撑、协调。我们不要等肌肉酸痛或行动障碍时，才意识到哪里的肌肉筋骨受损了。损伤时药物、按摩、物理治疗、手术都只是一时起效，肌群牵动的组织、神经、气血等相当复杂，最好平常就锻炼自愈力，不然还是很容易复发的！

16	与人擦身而过或被撞后容易跌倒	
17	髋骨无法前后弯或站直	
18	足底筋膜炎	
19	脊椎常酸痛僵硬，有骨刺	
20	无法站立至10分钟或快走30分钟	
21	上肢举重物时常感到吃力	
22	下肢踩阻力车时常感到吃力	
23	腰围女性超过80厘米，男性超过90厘米	
24	BMI* 值大于27或小于18	
25	流汗、15分钟的运动每周1次以下	
26	很少摄取动植物蛋白，常吃甜食	
27	尿频、漏尿、尿床	
28	用餐时常有吞咽困难、易呛到的情况，无法自己咳痰	
29	常便秘、拉肚子	
30	年纪35岁以上（越年长分数越高……）	
总分		

*BMI（Body Mass Index），身体质量指数，简称体质指数。
计算公式为：体重（千克）/身高的平方（米^2）

71～100分：气功唤回自愈力！

你可能有肥胖、“三高”、体态歪斜、筋骨早衰等危机，除了遵医嘱调理、保持健康饮食外，宜选有氧、体适能、气功等运动，逐渐增强体质，才能提升自愈力，避免耗损。

101~120分：哪里痛，就动哪里！

千万别因筋肉无力、病痛就不想动。哪里痛越要动哪里，把病灶的气血打通。先从单侧、半身、被动的物理康复，逐渐过渡到全身、主动的气功运动。

少林版八段锦
通脉强身有奇效

岳飞创八段锦练兵养生，外柔内用流传千年

“八段锦”一词最早出现于宋代洪迈所著的《夷坚志》，此书内容大多是神怪或异闻杂录，不过，部分章节很认真地记载了宋代名医事迹，以及独创的疾病治疗方法，当中推崇一套养生功名为“八段锦”。

而“八段锦”的由来，最常见说法是：南宋名将岳飞为了打败金国，而创出一套拳法“崩断金”来强兵抗侮。后人因其音似“八段锦”，此音又合乎功法特色而改称“八段锦”。

“锦”字，在古代指各色精美丝织品，也比喻珍贵美好的事物。“八段锦”顾名思义由八段招式组成，演练时各个动作优柔绵密，如中国古代锦缎般美丽；且各招式对于畅通人体经脉、促进气血循环有很好的效果，所以被喻为对健康十分珍贵的“锦物”。

两大特色

（1）动作简单人人都可练！

由八个段式组成，功法简明流畅，练单招、全套皆可；着重以丹田呼吸导引肢体动作，包括前、后、左、右、上、下之全方位运动，由内而外舒展全身筋肌骨，促进气血循环，提高自愈力。

（2）通脉强肌提高自愈力！

八个段式各有对应调理的气行经脉和归注脏腑，能达到整脉拉筋排毒之效；经脉行经之处皆为养护范畴，故称其为“养生气功”“导引术”，而且比现代的“保健操”更重视对机体内在的调整。其医理是，借由丹田（下腹）深层吐纳启动气血能量，调节身心平衡。

五大功效

经过近千年的演进，坊间有各种版本的八段锦，其段式、名称、顺序大同小异，但都不脱离保健的原理效用：**防病、抗老、归位、塑身、舒压、养心（见**p.32）。

特别要跟大家说明的是，我武学习自嵩山少林寺，本书介绍的是融合少林寺武僧们特有的武拳医禅之精华后形成的日常保健功八段锦，它经过无数民众和中医肯定，如今已广泛用来防治“文明病”、慢性病、癌症等。

少林版
八段锦

八段锦段式的命名都是七个字，描述该动作要领和保健效用。少林版八段锦一样有完整的系统性，实用又好记。

第1段 | 双手托天理三焦 p.82

- **动作：**双手高举掌心托天，前弯掌心按地，上下拉筋调理胸腔、腹腔、下腹之三焦（上、中、下焦）。
- **通脉：**心经、心包经、三焦经、肺经、肝经、肾经。
- **功效：针对内分泌系统**。促进代谢排毒。三焦是脏腑外围最大的腑，主气血津液运行。此招防治水肿、糖尿病、神经压迫、脊椎歪斜、肌肉酸痛、失眠。

第2段 | 左右开弓似射雕 p.90

- **动作：**以双手左右开弓，达到扩胸效果。结合马步、震脚，强化髋部和腿部力量，促进气血循环。
- **通脉：**肺经、大肠经。
- **功效：针对呼吸系统**。舒活肺经、气管，增加肺活量，并刺激胸腺产生具有免疫功能的T细胞。减轻心血管负担，增加血管弹性，减轻胸闷、鼻炎、颈肩炎症状。活络大肠经则能润化肠胃，两经相辅互养。

第3段 | 调理脾胃单举手 p.100

- **动作：** 一手上托天、一手下按地，上下牵引按摩内脏，增强肠胃蠕动与消化功能，亦可拉伸到侧身肌群，也可强化淋巴及气血作用。
- **通脉：** 脾经、胃经。
- **功效：针对消化系统**。调养脾胃，脾脏主生成血液，产生免疫细胞。勤练可调节免疫力，改善肠胃，减轻便秘、食欲差等问题，并保养胆囊和胰脏。

第4段 | 摇头摆尾去心火 p.106

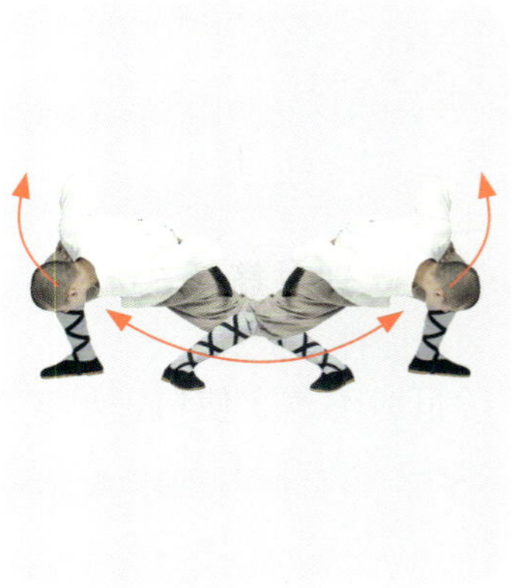

- **动作：** 马步为基础，脊椎、腰部为中心，上身往前压低、左右摆动，同时转动头部，协调全身运动。
- **通脉：** 心经、肾经。
- **功效：针对神经系统**。让脏器得到按摩，刺激腹腔内副交感神经，调节自主神经，改善腰肾、盆腔机能，勤练可消心火，避免劳烦、心悸、失眠、头痛、耳鸣、便秘，甚至脑神经衰弱症、焦虑症。

第5段 | 五劳七伤往后瞧 p.116

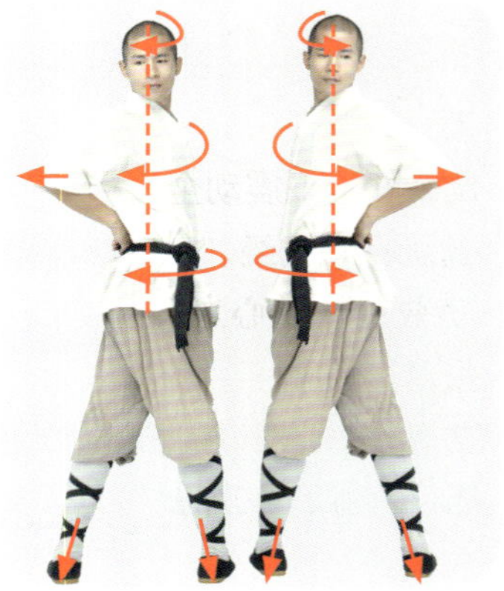

- **动作：** 上身以脊柱为中轴后转，舒活中枢神经、任督二脉、三焦、头颈肌群。
- **通脉：** 任脉、督脉、膀胱经、胆经、胃经、三焦经、小肠经、大肠经。
- **功效：针对循环系统**，"五劳"指久视伤血、久卧伤气、久坐伤肉、久立伤骨、久行伤筋。"七伤"指大饱伤脾，大怒气逆伤肝，强力举重、久坐湿地伤肾，形寒、寒饮伤肺，忧愁思虑伤心，风雨寒暑伤形，大恐不节伤志。做后转激活中轴，改善体质和自愈力。

第6段 | 双手攀足护肾腰 p.122

- **动作：**腰后仰屈膝、直腿前弯，可强化脊椎、腰肌、泌尿和生殖系统。
- **通脉：**膀胱经、肾经。
- **功效：针对泌尿生殖系统。**肾是排水、排毒器官，而腰为肾之府，护腰就是保护肾脏。肾虚、腰酸、肥胖、有痔疮者应多练此段式。

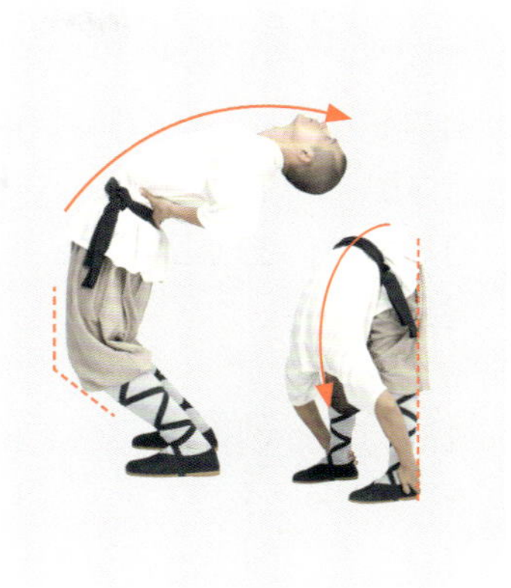

第7段 | 攒拳怒目增力气 p.130

- **动作：**以马步为基础，进行“怒目”内化、寸力攒拳，向前和向左右冲拳。
- **通脉：**肝经、手三阴、手三阳。
- **功效：针对筋骨系统。**促进脑血管循环。“怒目”提神、护肝，肝主筋、主目、主怒，加速排除肝脏浊气，使精神饱满。马步强腿、稳定中轴、活络腿部经脉气血。攒拳增强手脉臂肌，带动全身气力。

第8段 | 背后七颠百病消 p.140

- **动作：**以两脚跟相接，踮脚站立、落地，反复7次，并上下震动全身；双手后背保持稳定。
- **通脉：**膀胱经、三焦经。
- **功效：针对心血管系统。**内分泌、自主神经等失调多与不良生活习惯有关。通过由脚到头震动全身，放松脊椎、神经，能活络脑垂体、甲状腺、性腺，并刺激脏腑，加强功能协调。

十二经脉 · 任督二脉分布图

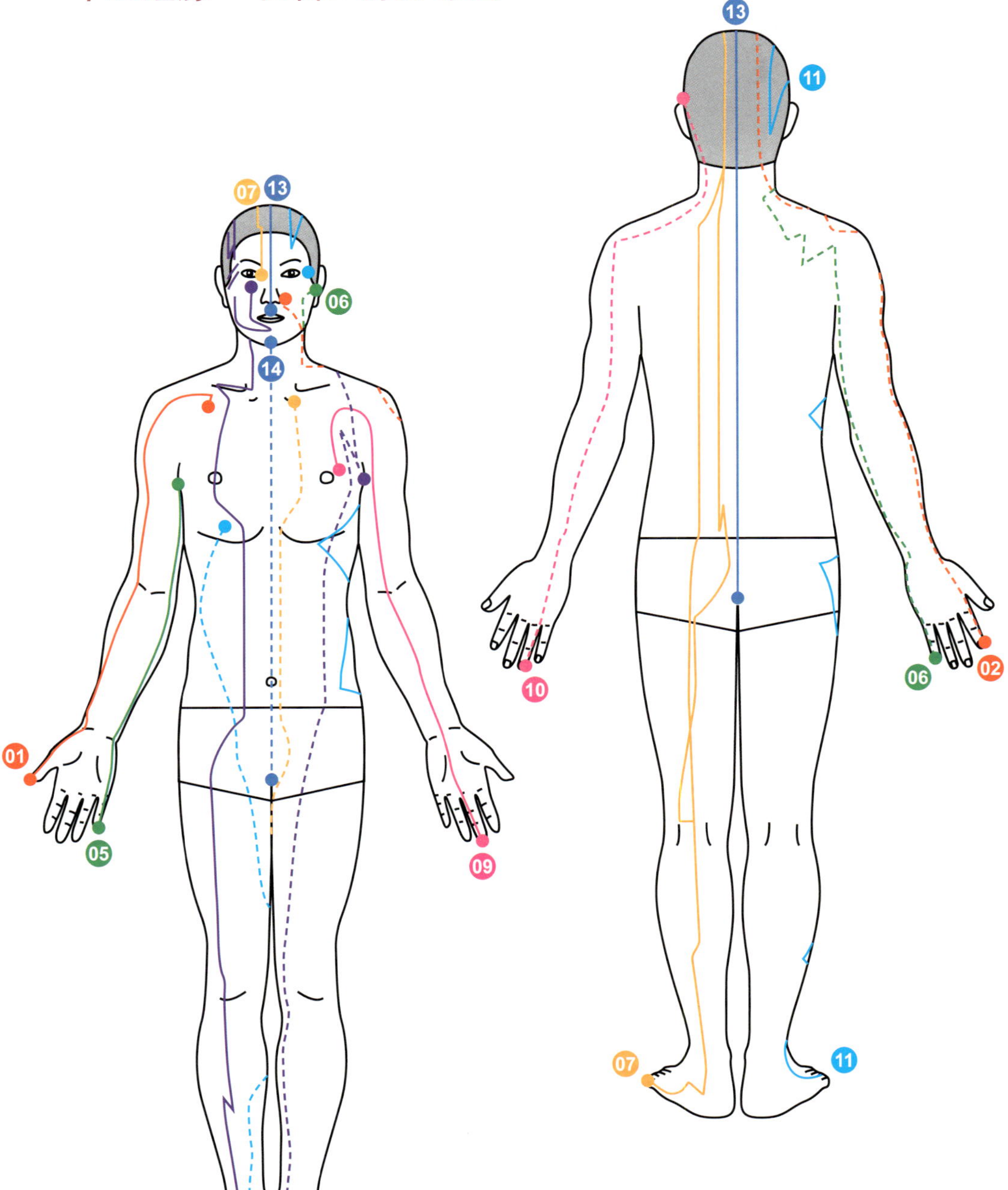

★十二正经在体内皆为左、右各一条，呈对称分布。而任脉、督脉为奇经，分别只有一条。

十二经脉・任督二脉注养时辰表

互为表里 / 经脉		起讫穴位	循行路径	注养时辰或功能	气阻时对应病症
01 阴 / 里	手太阴肺经	起：中府穴 讫：少商穴	从胸到手（胸→手臂前面外侧→手掌→拇指）	寅时 3～5点	气管及支气管炎、哮喘、鼻炎、咽喉炎、胸痛等
02 阳 / 表	手阳明大肠经	起：商阳穴 讫：迎香穴	从手到脸（食指→手臂后面外侧→肩→颈→脸）	卯时 5～7点	颜面神经麻痹、感冒发热、荨麻疹、颈椎病等
03 阳 / 表	足阳明胃经	起：承泣穴 讫：厉兑穴	从脸到脚（脸→胸→腹→腿外侧前缘→足次趾）	辰时 7～9点	胃及十二指肠溃疡、胃下垂、腮腺炎、中风、慢性阑尾炎等
04 阴 / 里	足太阴脾经	起：隐白穴 讫：大包穴	从脚到胸（大趾→小腿内侧中间→大腿内侧前缘→腹→胸）	巳时 9～11点	重症肌无力、糖尿病、妇科肿瘤、痛风、类风湿性关节炎等
05 阴 / 里	手少阴心经	起：极泉穴 讫：少冲穴	从胸到手（胸→手臂前面内侧→手小指）	午时 11～13点	冠心病、心绞痛、神经衰弱、精神分裂、癫痫等
06 阳 / 表	手太阳小肠经	起：少泽穴 讫：听宫穴	从手到脸（小指→手臂后面内侧→肩→脸→眼耳）	未时 13～15点	中耳炎、角膜炎、落枕及肩痛、失眠、头痛等
07 阳 / 表	足太阳膀胱经	起：睛明穴 讫：至阴穴	从脸经头到足（目内眦→头顶→头后→背→腿后外侧→足小趾）	申时 15～17点	肝炎、肾炎、阳痿、宫颈糜烂、坐骨神经痛等
08 阴 / 里	足少阴肾经	起：涌泉穴 讫：俞府穴	从足到胸（小趾→足心→腿后内侧→腹→胸）	酉时 17～19点	肾炎、肾虚、水肿、早泄、中风、休克等
09 阴 / 里	手厥阴心包经	起：天池穴 讫：中冲穴	从胸到手（胸→手臂内侧中间→手中指）	戌时 19～21点	胸痛、呼吸困难、恶心呕吐、手肘及前臂无法屈伸等
10 阳 / 表	手少阳三焦经	起：关冲穴 讫：丝竹空	从手到头（手无名指→手臂后面中间→肩→颈→侧头部→眼耳）	亥时 21～23点	耳鸣耳聋、眼外角疼痛、颜面神经麻痹、水肿、肘关节无法屈伸等
11 阳 / 表	足少阳胆经	起：瞳子髎 讫：足窍阴	从头到足（头侧→胸胁→腿外侧中间→足第四趾）	子时 23～1点	肝炎、胆囊炎或结石、视力衰退、偏头痛、乳腺炎等
12 阴 / 里	足厥阴肝经	起：大敦穴 讫：期门穴	从足走腹到胸（大趾→腿内侧中间→腹→胸胁）	丑时 1～3点	高血压、青光眼、痛经、肝胆炎、抑郁症等
13 奇经	督脉	起：长强穴 讫：龈交穴	从臀经背到头到上唇（背部中线）	司气 统全身阳经	腰椎间盘突出、强直性脊柱炎、退化性关节炎、中风、脱肛等
14 奇经	任脉	起：会阴穴 讫：承浆穴	从会阴到下唇（胸前中线）	司血 统全身阴经	带下、阳痿、早泄、盆腔炎、胸闷气短等

★请对照左页相同编号、色线。

少林版八段锦
是身心兼修的健身气功

少林版八段锦独到之处：一次学到禅、武、医、艺

本书教的是少林寺的八段锦，我从小在台湾学武术，大学毕业后申请进入嵩山少林寺武僧团修炼，顺利成为少林寺第34代弟子。故回台成立功夫团至今，教学上秉持少林武学精神“以武扬禅，以禅入武”，以“少林八段锦”为例，传授时注重呼吸、拳法、心法细节，如深层调息和连贯性、基本功、用拳劲力和放松、预备功法、心法和收功，并重视整体的起承转合、体神气形，通过简单的招式就能修身养性。

八段锦这类养生术传进少林寺之后，功法经过武僧研萃，更能发挥健身效果。且经少林武医、药师的实际应用，还融合保健身心的日常养生术，全面落实于作息、饮食，是禅、武、医、艺的融合贯通，使练习者获得最大回馈。

八段锦舒筋、活血、理气

少林寺武术典籍记载，八段锦有舒筋活血、调理气血、促进代谢等功能，勤练可健壮体质、祛病益寿。中医也有“筋长一寸，寿延十年”的说法。我个人有时教课排太满，大量运动后体能损耗较大时，也会做八段锦来调节修复。

八段锦的排序考虑了各段形效、气力松紧、调息衔接，让身心在和谐中得到最大的保健作用。初学时，建议先练呼吸法、热身拳法，再把各段式练熟。当呼吸的衔接熟练时，就能整套连做。初学或对症应用时，也可只选练几招或单招，但记得前后都要做热身和收功。

用更少的耗损，获得更多的身心能量

从练八段锦接触气功运动以来，发现它是简单易学、见效又快的运动方法。只要利用与生俱来的呼吸方式，通过学习调整，让吸气、吐气在体内达到最大效用，如此便可以强身，甚至达到超乎平常的运动效果；还可加强气血代谢，提升自愈力。

常也有人问：“我平常就做运动，多做八段锦有什么好处？”事实上，每种运动都能强化身心，也会耗损体能。如何以更少的耗损，获得更多的身心能量，这才是人人能做、随时能做的保健运动。如果你目前的运动项目在做完后常让你感觉体能虚弱、关节磨损、筋肉酸痛，几天后就算能恢复也不完全，那表示气损血虚，乳酸堆积在筋肉内，大量自由基攻击细胞让组织衰老。因此，大家真的要慎选运动项目。

这几年有运动习惯的人越来越多，养生气功像八段锦，除了有助于气血代谢、淋巴排毒、提升免疫力，对提升筋肉弹性、身体协调力、专注力也大有帮助，学员们也常用它进行各项运动的辅助训练，因此，八段锦广受中青年学员的喜爱！

八段锦6大强身功效

1. 想健康

防病

伸展、震动，畅通经脉要穴

⇨ 淋巴排毒，免疫力变强！

八段锦的动作主要为拉筋伸展，作用有通气活血、唤醒免疫系统、促进淋巴排毒。重点在于以气发劲强肌，如震脚（第2、4、7段）、寸力冲拳（第7段）、踮脚起落震动（第8段），瞬间增强气血筋骨，可作用到对应的要穴经脉、脏腑，产生运动和治症功效，尤其对顽疾有较强效果。

2. 想挺立

归位

脊椎、手脚，全身一次拉直

⇨ 神经减压，筋骨归正位！

久坐、肌力不足者常会筋骨歪斜，神经和内脏受压迫，容易酸、麻、痛，久之变行动障碍。尤其肩胛、脊椎、髋部、膝、踝关节要多做八段锦，渐进地移回正位，维持挺直体态，让经脉、组织器官有足够空间维持正常机能。

3. 想慢老

抗老

调息、补氧，改善脏腑机能

⇨ 排废代谢，身心变年轻！

八段锦为养生气功，着重以调息导引肢体动作，呼吸正是疗病抗衰的能量来源。深层、对位的吐纳能加速排除浊气，提高气血的运行能力，并带进新鲜氧气，使活氧通达全身末梢。延缓气血循环的衰退，以此来防病抗老，从内到外保持青春活力。

4. 想健美
塑身

运动、协调，拉筋燃脂强肌

⇨ 降低体脂，肌体变紧实！

流行的瘦身动作——下蹲、转腰、踮脚、举手、拉伸，八段锦早就有了。它单招消耗的热量虽然不是很多，但能重复做、经常做，且不磨关节。肥胖者也能做，有助提升基础代谢率，让你变瘦就不复胖。以调息由内带动肢体运动，消耗内脏脂肪，强化筋肉中轴，让你瘦得很紧实。大的动作，例如单是扎马步，燃脂强肌效果就不输慢跑、骑单车。

5. 想放松
舒压

呼吸、松筋，速消身心压力

⇨ 助眠解忧，脑力也变好！

过劳、压力、焦虑，是现代人的通病。心病有时要“身药”医。八段锦以伸展、转身、上下震动来松筋解压，随时随地能缓解神经和筋肉不适，平稳情绪，提升专注力，提高工作和学习效率。“摇头摆尾去心火”“五劳七伤往后瞧”“背后七颠百病消”等段式，都能大幅改善肌肉酸痛、失眠等。

6. 想快乐
养心

运动、交流，有益身心健康

⇨ 改善环境，心境变自在！

八段锦属于个人养生功，除了科学安排练功时辰（参见p.29十二经脉・任督二脉注养时辰表）和地点，也建议配合各段式对应的经脉脏腑，搭配养生饮食，导正作息，营造有益身心的生活环境。此外，通过与练功的同好交流，可排解孤单，增长保健和运动知识，吸取正能量，让自己待人处事更周全，面对生活更自信。

【教练说】

从"药罐子"到少林武学传人

大学毕业后，向少林寺申请进修

我从小体弱多病，父亲教我武术强身。从台北辅仁大学毕业后，在外面做的工作没有一个能持久的。常常想起高中的武术恩师林立慧老师鼓励我的话："学武之人，一定要进少林寺看看。"于是我向少林寺发邮件申请入寺进修。一年写了上千封邮件，终于获准入寺修炼。

直到我拎起行李准备出发的那一刻，父母才相信我是认真的，母亲当场泪崩，她怕我去少林寺会吃苦，也怕我出家——那身为长媳的她怎么给家族交代？事实上，出家和皈依是不同的，我这个俗家弟子只是一心要进少林寺练武！

从小耳聋体弱，幸得严父恩师调教武学与食艺

我天生右耳失聪，自小多病，是医院常客。曾在部队学武术的父亲在我7岁时开始教我练武强身，严厉到我怀疑自己是不是他的亲生子。但当时健康真的有改善，让我吃苦当吃补，开启练武人生。同学们都着迷打游戏，我则爱去旧书摊找武功秘籍或文化古籍，如《古文观止》等。

升高中后，幸遇武术恩师林立慧。老师精通十八般武艺，态度和蔼，教学扎实，改变了我求胜好强的心态，让我重新用心学基本功，也学会在求突破的同时，用最平和的方式和自己的身体相处，既提高了身体素质，也改变了急躁的心性。

老师的养生之道和厨艺更是精湛，我们常在老师家的阳台练功，然后学做菜。老师烧的菜色香味俱全，强调取材天然，新鲜当季。老师现在年过八旬依然中气十足、容光焕发。至今我仍深受影响，练功与饮食并重，追求整体健康之道。

熬过少林寺武僧团磨炼，成为方丈第一位台湾传人

初上少林寺时，嵩山是零下3℃的气温，每天要清晨四点半起床练功，练十几个小时才休息。和两千多个师兄弟住在少林寺武僧团培训基地。看过很多人受伤、逃跑、考核不合格被退训，我也因为想家、水土不服、主修铁头功似酷刑，好几次想放弃。环境逼得我这“菜鸟”不得不向师兄师父请益，熬过第一年才觉得训练没那么苦了。后来师父释永信方丈选我进“少林寺武僧团”，总算能开始进阶的功法和心法修行。

少林寺永信方丈个性不温不火，不怒而威，多年来我从不见师父发脾气。即使我犯错，师父也是悉心教诲，以言传身教感化我冲动的内心，使我得其引领而渐闻智慧，得大自在，成为他亲收的第一位台湾弟子，赐法名“延胜”，成为少林寺第34代传人。

传承少林志业，修行普度只在一念间

历经少林寺两年洗礼，2006年我回到台北成立释门少林功夫团，想为大众贡献所学，不只是铁头功、易筋经、少林拳、达摩剑、阴手棍等武术，还有从小健身的经验心得。正如师父说：“修行不必在丛林之中，普度众生也只在一念之间。”

少林武学讲究“以武扬禅，以禅入武”，八段锦属于静功，是各种养生术的身心基础，人人可练，简单有效。这个主题的书我已出过几本，书中都系统地介绍了少林热身操、拳法、八段锦，以及对症应用、养生饮食、学员问答，本书还创新介绍八段锦结合科学的“肌肉解剖图”和时下运动的辅助训练，希望帮助每个人找到切身的保健之道！

高中时期武术恩师林立慧老师。

少林寺武僧团培训基地宿舍。

师父指定我主修铁头功，痛不欲生。

带台湾学员来到少林寺，拜见永信方丈。

现代医院把呼吸训练
列为肌力运动第一课

发现人体最大器官间质，和癌症转移、淋巴免疫、发炎有关

写这本书时，发生的两件事让我印象深刻。第一是看到2018年一篇让中西医界都兴奋的最新报告，美国西奈山贝斯以色列医学中心和纽约大学团队在《Scientific Reports》期刊发表研究成果——他们在病人胆管旁发现一层像薄海绵的活组织，是一张充满液体、由很多能胀亦能缩的软管交织成的大网，包住气管、肺、胃肠道、膀胱等脏器，而且延伸到动脉、肌肉筋膜和皮肤底部，组成一个输送系统，规模不输淋巴、血管。

这个大网叫间质（Interstitium），多年前，科学家观察干的切片时认为这只是组织细胞间的小空隙而已。如今的技术可看出健康活组织的厉害之处——间质可算是全身最大的器官（占身体总体积的20%，约10升，比皮肤还大），且判断其可能是癌症转移的通道，而中医可能两千年前就知道它的存在。

结论（1）：研究胃癌等癌症者的肿瘤碎片残迹，推测癌细胞会进入间质，再滑到相连的小淋巴管，借淋巴系统转移全身。

结论（2）：正常的间质可当身体缓冲垫，保护内脏。其发生异常时可能导致水肿、胰腺炎、胆管炎、肠炎等。

结论（3）：间质通过真皮层，可能影响伤口痊愈的快慢。

结论（4）：抽验间质液，可作为诊断癌症、炎症的指标。

间质符合中医之三焦，与呼吸、消化、排泄有关

中医对此报告也很兴奋！“间质”和中医两千年前《黄帝内经》所言“三焦”一比，竟然所指相符——三焦是上、中、下焦的统称；上焦于胸如雾，主气血，宣纳呼吸；中焦于腹如沤（水泡），主消化；下焦于下腹如渎（水渠），主排泄。三焦负责调节输送津液、水分、气血，是五脏六腑的“六腑”之一。

三焦的所在位置与作用和间质都很符合，只是古书没有说明三焦到底是什么物质。现在发现间质组织大到可列为器官，很可能替三焦找到解剖学的科学基础。

八段锦从第1段就练三焦的呼吸和肌力

中西医都指出三焦/间质对防病抗癌的重要性，难怪近来很多人关注到三焦所在的身体核心区的保健运动。而气功吐纳能从体内让津液气血充盈间质、保持组织活性，让核心肌群强健，维持三焦经脉网络的畅通。

以前三焦的概念模糊，现在明白其重要性了，不过可能还是不知道怎么保养它。其实很简单，就从正确呼吸做起。当然我推荐大家练气功，尤其八段锦第1段就是“双手托天理三焦”，另七段也都作用于核心胸腹腔。

术后康复病人第一课“吸球训练”：吸起3颗球，撑5秒

第二件印象深刻的事是，最近一位学员的妈妈中风，在医院做完手术取出阻塞脑血管的几个小血块（见下页照片），不过是几个小红点，但若抢救再晚几小时，病人就可能变成植物人、肢体残障、失智失语、失明失禁、无法吞咽……幸好她抢救及时，但即使行动恢复，认知损伤和失语问题也要长年做康复训练，要耗费巨大的财力、物力、人力。

据说很多重大伤病术后康复，医院都要病人买吸球器做吸球训练（见下面右图），防止肺泡塌陷，改善呼吸道肌力，目标是一口气吸起3颗球，撑5秒，且每天要练几十次。此外才是吞咽和语言练习、物理运动治疗、功能训练等。

人只要生病受伤，家人也会很辛苦，尤其对二度发生的恐惧从此如影随形。问题都在气血里。

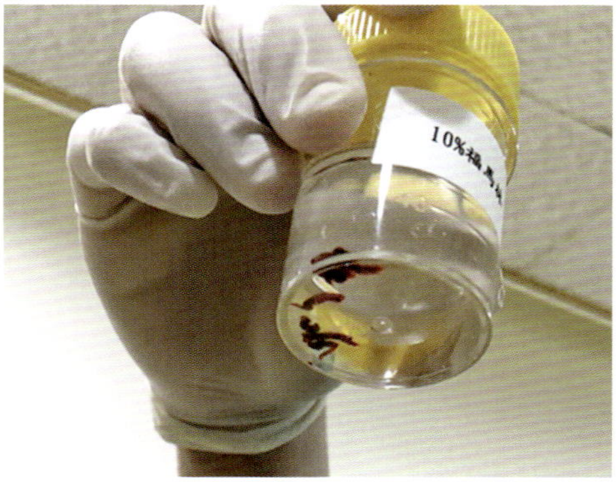

脑中风者术后取出的小血块。

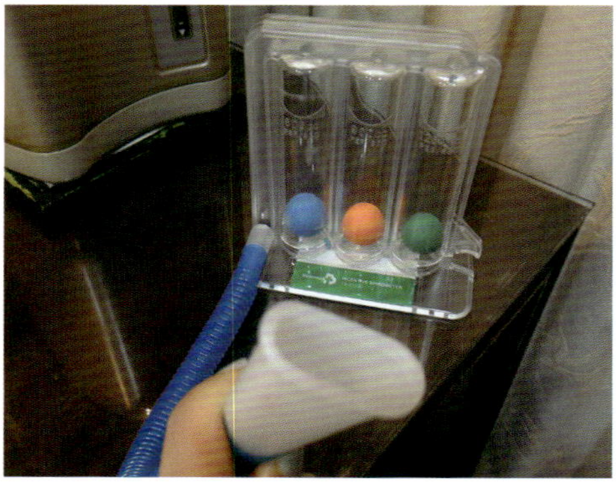

医院指定术后康复者每天用吸球器做吸球训练。

4D动作的八段锦
是最佳徒手健身法

为了拥有良好的呼吸力和肌力，大家都知道运动很重要！选择运动项目时，除了健身效用、实用度，相信大家也希望它能更有变化、更加有趣。

若肢体动作只是反复从这点到那点，这是2D设计（D＝Dimension，维度，指时空坐标或层面），如把东西从左手换到右手、重复抬膝，很快就会让人觉得无聊。

3D是肢体上下、左右、前后（X、Y、Z轴）活动，各方位处于立体深度环境，像一般体操招式，运动特定关节或肌肉，下蹲、转腰、抖肩等，或到运动场馆练习打棒球。这比较像看3D电影，感觉自己身临其境，过程也算刺激。

最近流行4D电影，放映的戏院必须大成本改装，不但用3D放映系统，而且座位会随剧情转动，会模拟刮风下雨的感觉，并制造味道，变化温度、光影等，让观众有成为主角的体会，非常过瘾！用棒球比喻，就是参加一场完整的球赛，兼有体能参与和策略运用的体验。

八段锦每次3分钟，做全套或单段3次，身心皆有益

八段锦的动作属于4D设计，一是它从热身、单招到套路可弹性安排；二是动作从内在呼吸导引肢体全方向运动，即使单招也可掌握全身或特定筋肉部位、顺序、方向、力度；三是用心神意念主导躯体运动，自主起承转合的过程体验，有助于空间、时间、身心、环境的协调整合，每次做的感受都不同。而且你不需要道具，也没有时地限制，每次用零碎的3~10分钟做单招或全套，就有明显的积极效果。

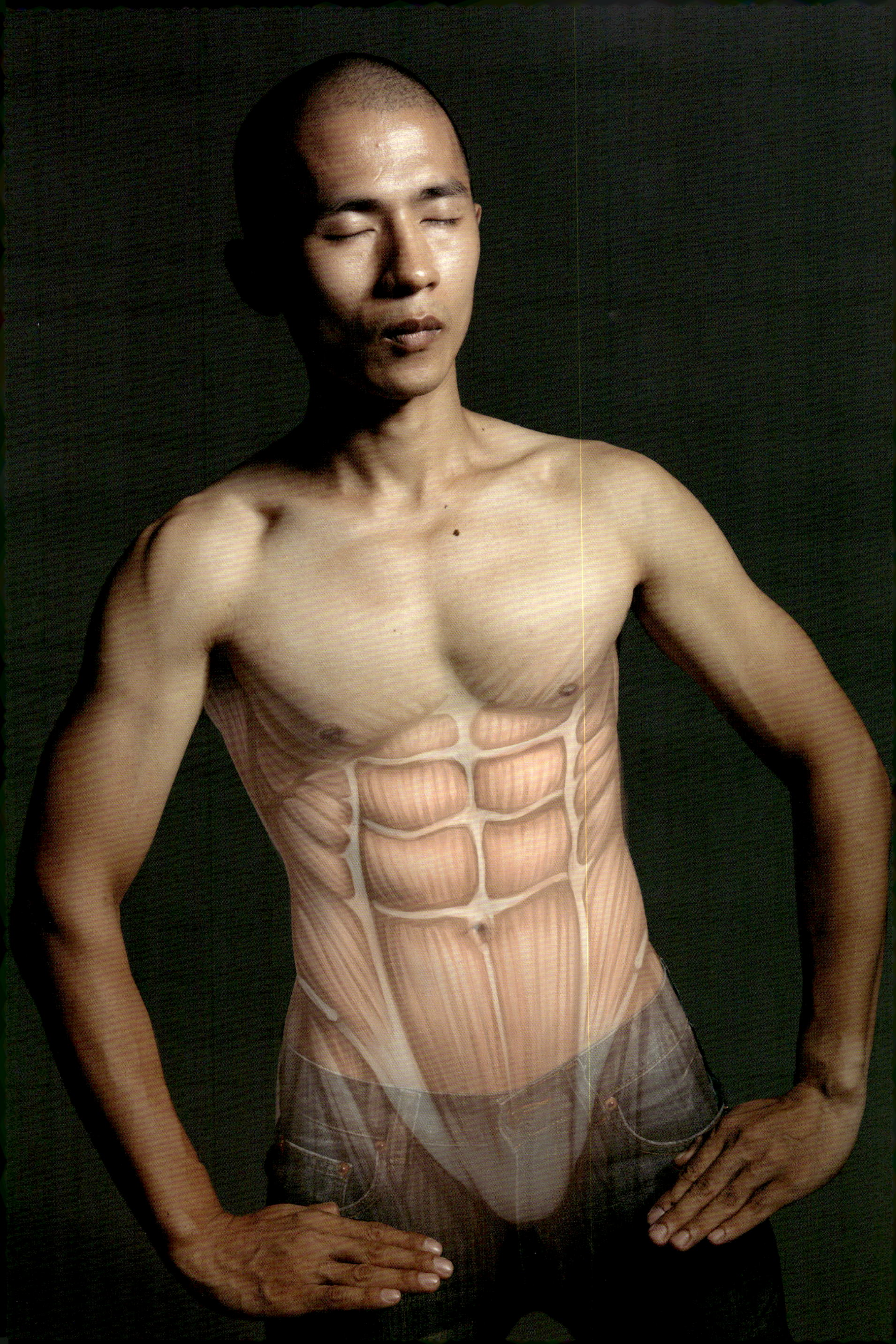

Chapter 2 【图解】

做八段锦前的热身练习

呼吸+伸展训练，由内到外引燃能量！

人体重要肌肉图【正面】

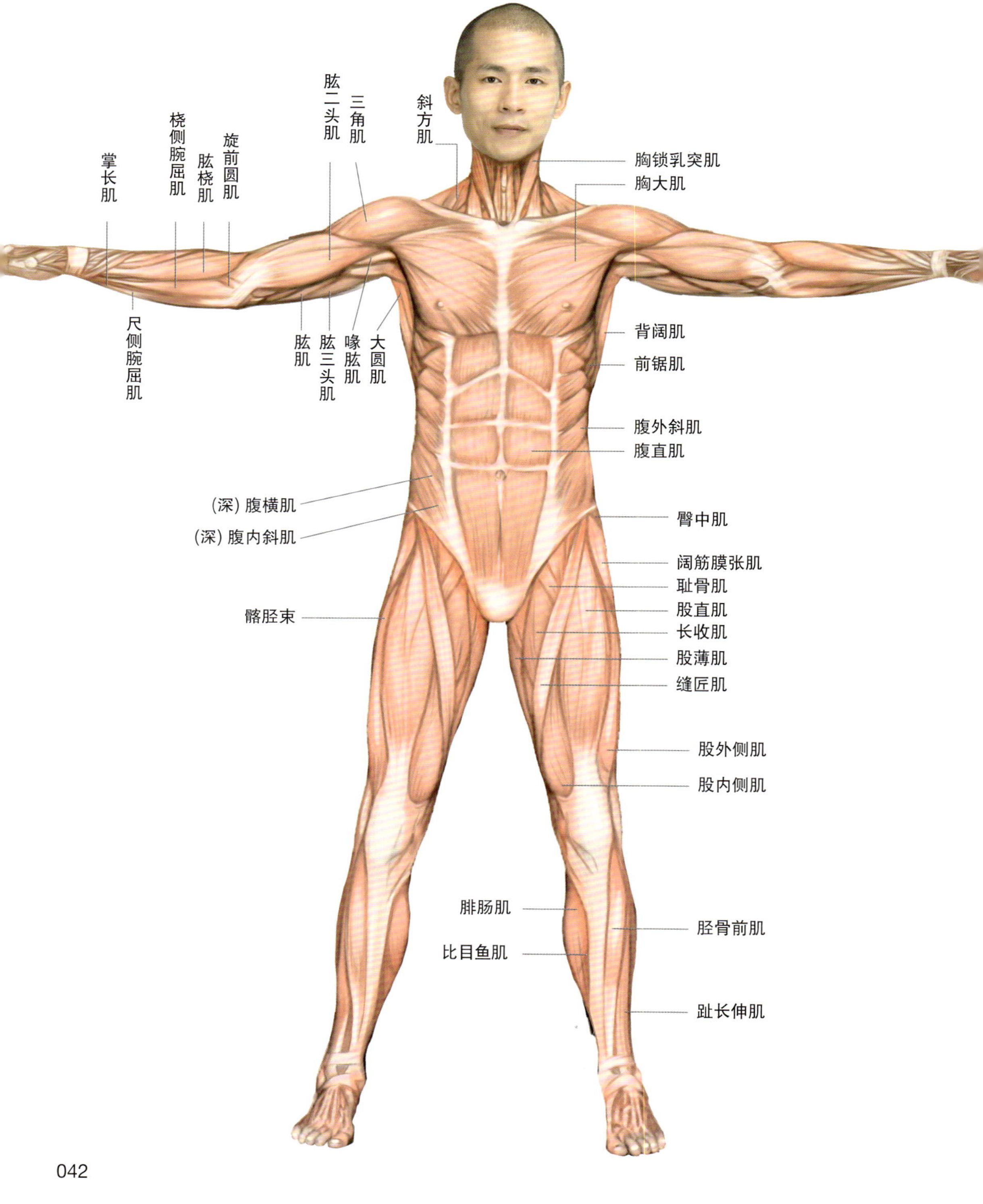

掌长肌
桡侧腕屈肌
肱桡肌
旋前圆肌
肱二头肌
三角肌
斜方肌
胸锁乳突肌
胸大肌
尺侧腕屈肌
肱肌
肱三头肌
喙肱肌
大圆肌
背阔肌
前锯肌
腹外斜肌
腹直肌
(深) 腹横肌
(深) 腹内斜肌
臀中肌
阔筋膜张肌
耻骨肌
髂胫束
股直肌
长收肌
股薄肌
缝匠肌
股外侧肌
股内侧肌
腓肠肌
胫骨前肌
比目鱼肌
趾长伸肌

人体重要肌肉图【背面】

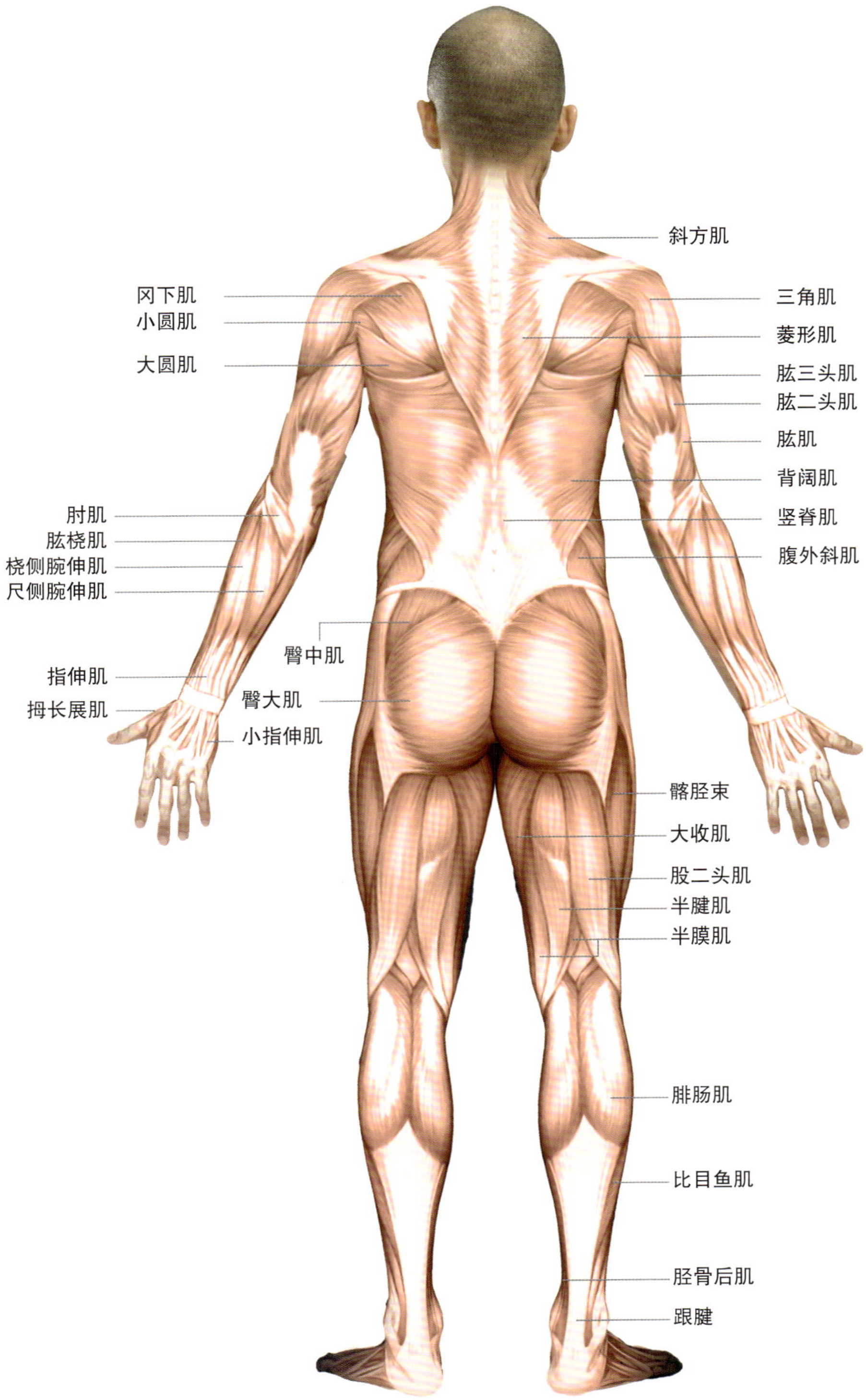
斜方肌
冈下肌
小圆肌
大圆肌
三角肌
菱形肌
肱三头肌
肱二头肌
肱肌
背阔肌
竖脊肌
腹外斜肌
肘肌
肱桡肌
桡侧腕伸肌
尺侧腕伸肌
臀中肌
指伸肌
臀大肌
拇长展肌
小指伸肌
髂胫束
大收肌
股二头肌
半腱肌
半膜肌
腓肠肌
比目鱼肌
胫骨后肌
跟腱

八段锦热身必知

4种呼吸法

强化核心胸肌、横膈膜、腹肌

气功和一般运动最大的不同，就是特别注重呼吸与施力的搭配运用，而少林寺的八段锦更讲究呼吸调息的细节。除了先练熟做操动作时搭配鼻吸嘴呼外，大多为腹式呼吸，还要配合意念，注意吐纳深浅、腹胸腔使力，让吸入的氧气和缓运行，向下沉气于丹田，上至肺脏、胸腔、头部。不过，初学者也别担心会手忙脚乱，**动作还不熟练时，只要配合自然顺畅的呼吸就好**。

为配合肢体步骤，我把呼吸法分为四个要点——**吸气（提气）、屏气（行气）、吐气（喝气）、停气**，且标注在各步骤图旁边，帮助学员掌握以呼吸发劲、以调息导引身心能量的练功诀窍，推开阻塞的经脉穴位，带走让人酸痛生病的浊气，达到保健效果。

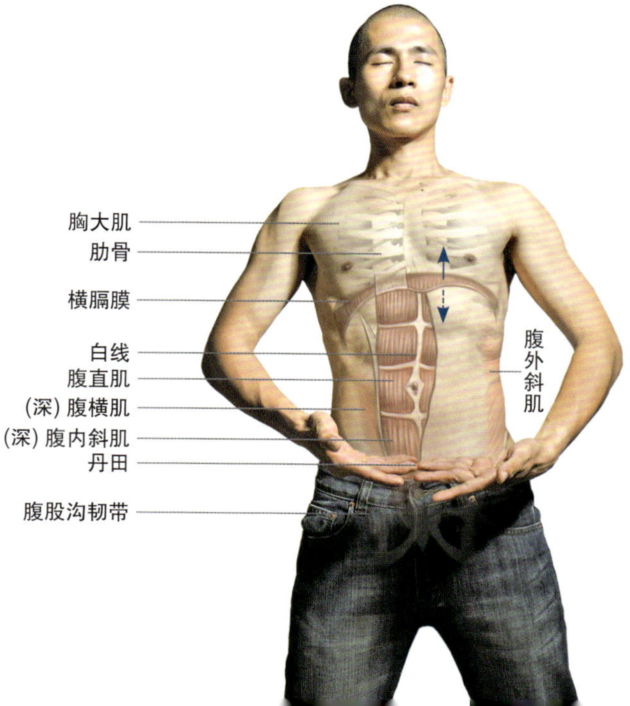

腰腹最容易堆积脂肪，很难练出肌肉。透过呼吸由核心内部健身，能够事半功倍而且持久。最基本的腹式呼吸方法为：鼻子吸气进丹田，腹腔扩张，横膈膜上升；嘴巴吐气时，横膈膜下降，腹腔内缩。

八段锦呼吸法吸、屏、吐、停，就是帮内脏做运动

1 吸气

➤ 吸气丹田 + 胀腹 + 提肛

八段锦主要应用2种呼吸方式：腹式呼吸法和提肛呼吸法互相搭配，确保吐纳都很深缓，确实达到按摩内脏、由内发力之效。

腹式呼吸法是吸气时，把气吸满至丹田（肚脐下4指宽处），小腹会微微胀满；提气则是动作之初，不完全吸饱气，而是吸气一到三分的启动状态；而吐气时，腹肌要内缩慢慢地将气送出体外。要注意，过程中双肩不应该耸起，身体是放松的状态。

提肛呼吸法是臀部和肛门配合吸气夹紧、吐气放松，可以锻炼下身肌肉，活络经脉气血。

2 屏气

➤ 屏气 = 行气，不是闭气

每当做操到最重要的步骤，会稍微屏气维持动作、伸展肢体。学员很容易犯的错误，就是以为屏气是闭气，而忘记呼吸。

屏气不是闭气，屏气虽然暂时没有吸气，但既存之气仍在体内运行，且应意守丹田，此刻要集中意念持住气，不要放掉，也不要过度紧张而耸肩撑肚，或难喘急放。

3 吐气

➤ 吐气 + 松腹 + 松肛

我常跟初学者说，想象人体是个气球，会便于掌握呼吸要领。所以呼吸时，**吸气胀腹提肛，呼气松腹松肛**，配合这个口诀，练功更加顺畅，调理身心的效果也较佳。

吐气时松腹、松肛，就是把气从口鼻呼吐出去，腹部和臀部、肛门的肌肉也全部放松，借放松动作把体内废气排除。

4 停气

➤ 停气 + 收功 + 静心

若配合八段锦的动作来整理呼吸方法，也有一句口诀：**起吸落呼，开吸合呼，蓄吸发呼**。

起身、伸展时为提气或吸气；落下归合时则吐气；而有些动作在吸气后，或伸展到极致处会屏气、蓄气停顿片刻，行气在身体内停留，或慢一点再吐出体外。而最后动作结束时，虽然口鼻中的气已经吐尽，表面上看似气停了，但体内的气要做“收功”归沉丹田，让身心平息静心后，才能再进行下一段式，或回归起式。

八段锦热身必知

5式关节伸展操

顺逆伸转，常保筋骨最佳表现

前文说到八段锦的由来，大家已经知道民间流传有大同小异的不同版本，而本书教的是我在少林寺时练的八段锦，所以练功前的热身操，我也是精选少林基础拳法之**关节伸展操**、**拉筋伸展操**、**强力少林拳**。它们不管是作为八段锦的热身操，还是平常单独练习，都能立刻活络关节、拉筋伸展、提气凝神，兼具健身养生多重功效。

热身10分钟活络关节，拉筋伸展，练功易上手！

跟做任何运动一样，**练八段锦前也要做热身操、运动后做舒缓操，分别至少10分钟**。正确的热身能增强四肢、关节、韧带、筋肉等弹性，让肢体充分伸展、放松、协调；同时，搭配深层的调息呼吸，慢慢加强心肺承受度，以及疏通瘀积不顺的经脉穴位，让练功时动作更顺畅，气血筋肉作用更加倍，也避免受伤。

关节伸展操：重点在脊椎转体、转肩、转腕、抬膝、转踝关节、压脚背，以顺向或逆向幅度由小渐大地轻轻绕转，拉伸或紧缩肢体，活络关节韧带，并刺激行经筋脉和穴位。

拉筋伸展操：重点在找到肢体最大伸展范围，牵动核心肌群、内脏组织、筋膜经脉，调理气血养分之通道，增强身体弹性，提升运动效率。

强力少林拳：属于进阶热身操，以内气吐纳带动肢体施力，对强健肌力、练习八段锦效果更佳，与多种拳法武术的基本功相辅相成。

人体重要骨骼图【正面】

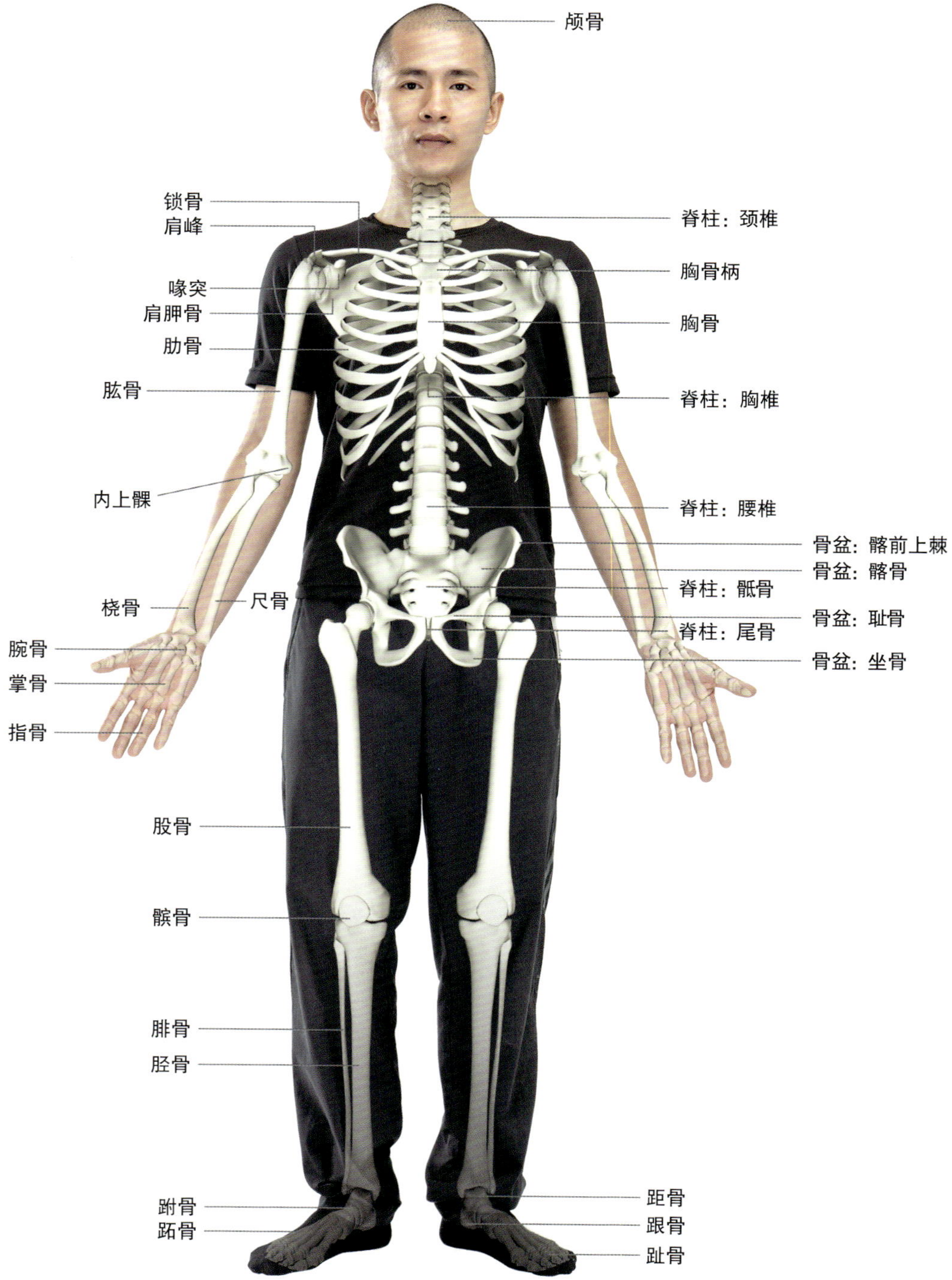

颅骨
锁骨
肩峰
喙突
肩胛骨
肋骨
肱骨
内上髁
桡骨
尺骨
腕骨
掌骨
指骨
脊柱：颈椎
胸骨柄
胸骨
脊柱：胸椎
脊柱：腰椎
骨盆：髂前上棘
骨盆：髂骨
脊柱：骶骨
骨盆：耻骨
脊柱：尾骨
骨盆：坐骨
股骨
髌骨
腓骨
胫骨
跗骨
跖骨
距骨
跟骨
趾骨

人体重要骨骼图【背面】

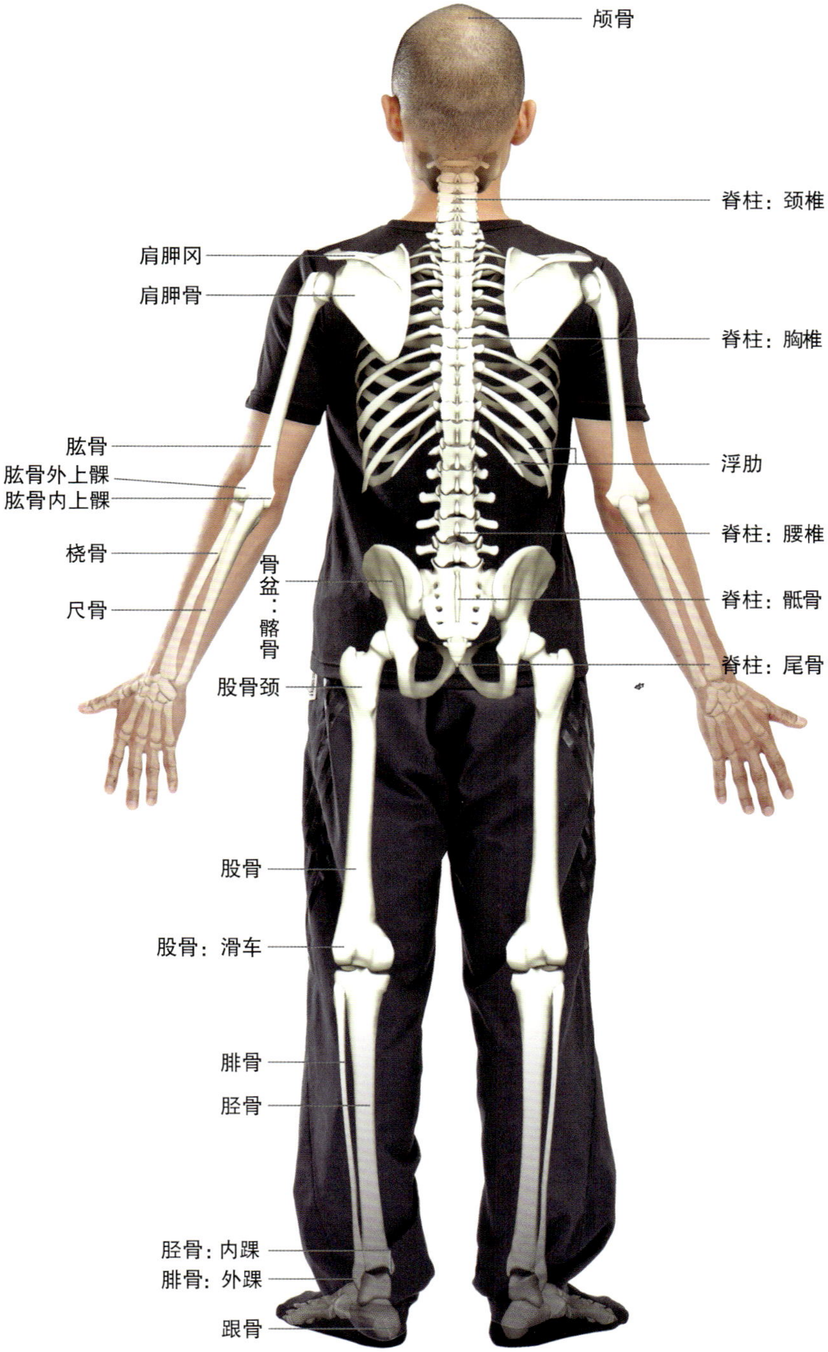
颅骨
脊柱：颈椎
肩胛冈
肩胛骨
脊柱：胸椎
肱骨
肱骨外上髁
肱骨内上髁
浮肋
脊柱：腰椎
桡骨
骨盆：髂骨
尺骨
脊柱：骶骨
脊柱：尾骨
股骨颈
股骨
股骨：滑车
腓骨
胫骨
胫骨：内踝
腓骨：外踝
跟骨

关节伸展操 1

颈绕环

伸展关节

颈椎·肩胛·后脑·眼肌

脖子绕圈的动作很简单，但也有要领，只有掌握要领，才能有效果又不会受伤。要以颈椎最大伸展范围由前、左、后、右绕回，速度要慢，勿过度拉扯和耸肩。保持呼吸平顺，均衡拉伸颈部肌肉，活动颈椎，可立即治酸减压，活络肩、颈、脑、眼等部位。

★人体肌群多为左右对称分布，做操时左右次数、力度宜相同。碍于版面，本单元仅标出单侧肌肉名。

气沉丹田

1 立式预备

双脚张开与肩同宽，肩膀放松，双掌向上提气、向下沉气，呼吸平顺。

STEP

去吸回吐

2 头颈四点绕行

头颈依前、左、后、右慢慢绕行3次，再反向绕行3次，各方位要均衡伸展。

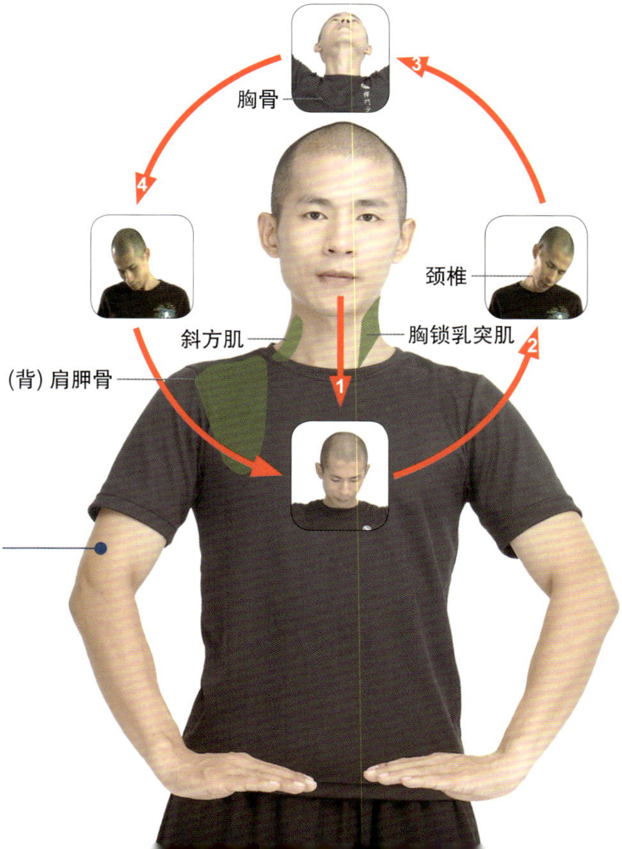

重点

❶ 不可耸肩，绕颈速度要慢，以免头昏。
❷ 眼睛随绕颈转动，运动眼球。
❸ 绕到后仰处稍停，拉伸下巴、脖子、上胸；绕回前弯处也稍停，拉伸颈椎、后脑。

基础热身

关节伸展操 2

肩绕环

伸展关节

肩关节・颈椎・胸背肌

肩绕环是双肩一起向后转、向前转、一前一后转，慢慢活动肩关节，并牵引胸椎、颈部、肩胛等筋脉要穴，如肩井穴、天宗穴、膏肓穴，舒缓肩颈压力和僵硬感，并促进心肺气血循环。

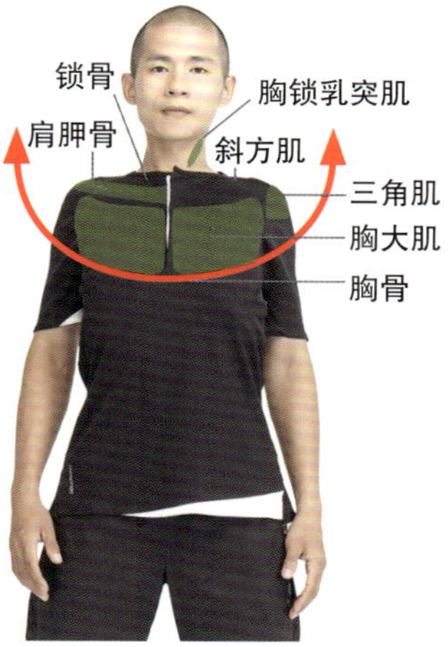

吸气三分

1 立式，双肩向后转

双脚张开与肩同宽，双手自然垂下置于腿侧，呼吸平顺。双肩一起往后转动数次，胸椎往前顶，自然呼吸或吸气三分满。

STEP

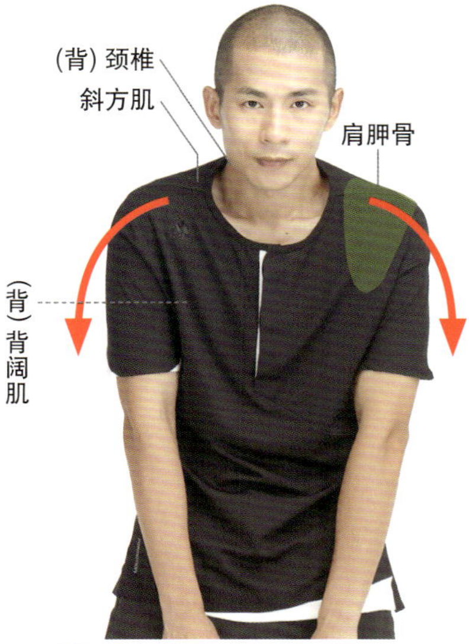

吐气三分

2 双肩向前转

慢慢吐气，双肩往前转动数次，胸椎往后推缩。

重点

转肩时，脊柱随之前后翻动，但身体中轴勿左右移动。

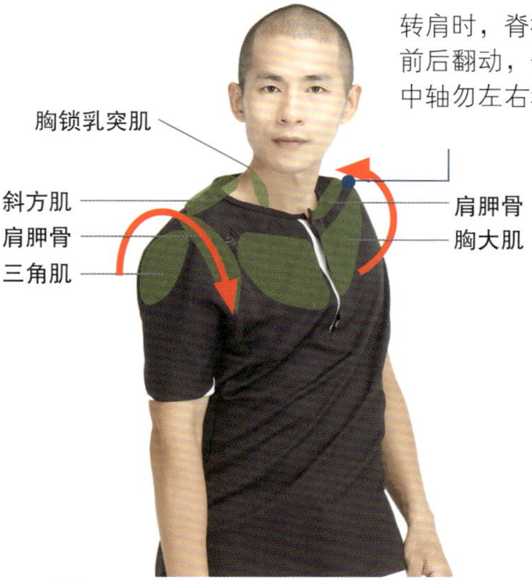

呼吸平顺

3 肩膀一前一后转

肩膀一前一后、左右各和缓地转动3次。站直，调息完成。

关节伸展操 3

臂绕环

伸展关节

肩关节・颈胸背・臂肌

手臂向后上、向前下画大圆，利用落差和离心力摆动，松活手肩颈筋肉，促进上身气血循环，按摩三焦脏腑，加速呼吸代谢。“蝴蝶袖”、“电脑手”、凹胸驼背者更需要长期练习，只要徒手做操就能改善体态！

重点

手臂绕行时，头眼随手移动，让颈、胸、上背、后脑也得到提拉伸展。

吸气

1 立式，双手往后画大圆

双脚打开与肩同宽，双手自然放在两腿侧。慢慢吸气，双手往身体内侧画大圆移到头顶，手掌相叠；肩臂后拉，胸椎前挺。

STEP

吐气

2 双手往前画大圆

慢慢吐气，双手往身体外侧画大圆，移到下腹前面交叉，肩、臂、头向前缩。反复数次，调息收腿。

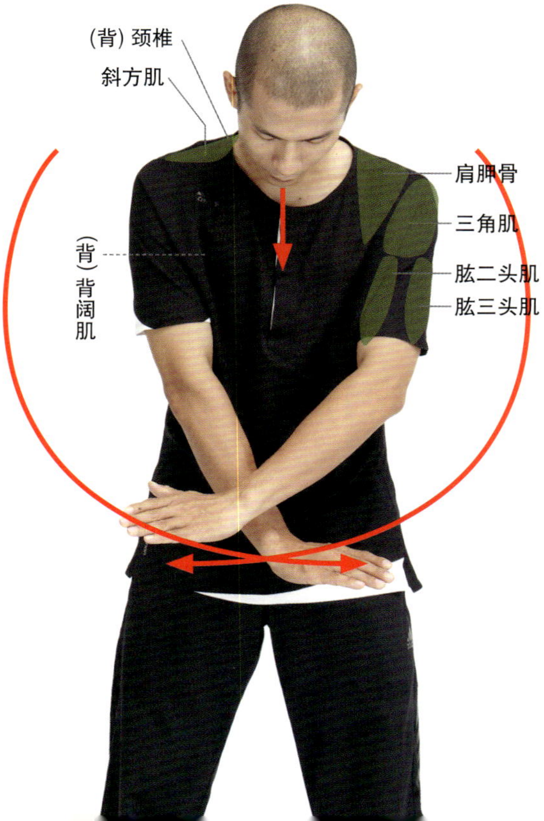

基础热身

关节伸展操 4

转腰

伸展关节

腰胸颈椎·腰肌·臂肩

转腰的关键是中轴脊柱不可左右偏移，上身微含，手、肩、头、眼、颈、胸、腰都大幅度、慢慢往后转，可改善脊柱歪斜、腰背酸痛，且减少腰腹和内脏脂肪囤积。建议每次一左一右，连做10次，效果更好。

1 立式，手掌抱球

双脚打开与肩同宽，调息后肩膀放松，双掌于胸前呈抱球姿势。

STEP

转吸回吐

2 腰、头、肩后转

以脊柱为中轴，腰往左后转，头、眼、肩、手随之后转；手臂可稍微出力，确保上身平稳。吐气回正，再转向右后方。每次一左一右，连做10次。

重点

意识专注于以脊柱做中轴，慢慢往后转动身体。上身保持直立，双手保持一样的间距和水平位，有助于保持平衡。

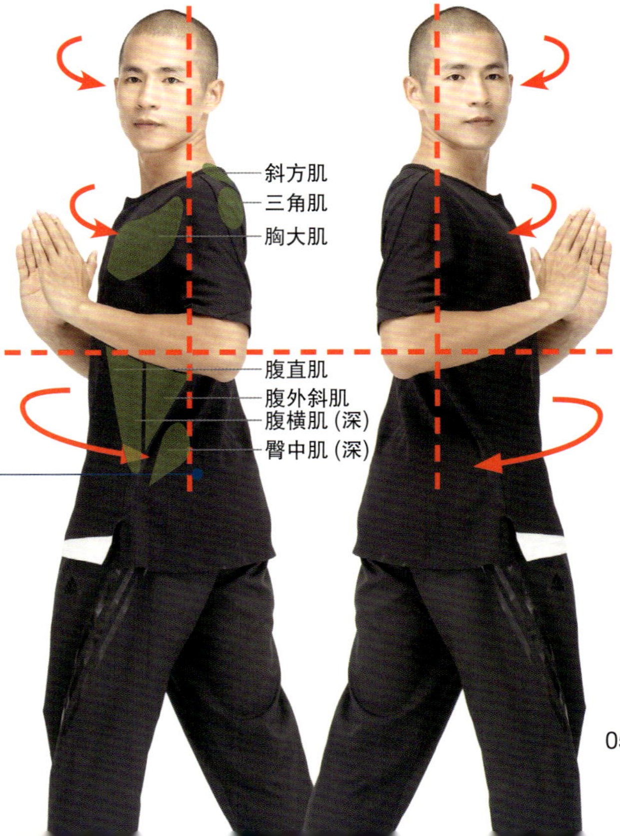

关节伸展操 5

抬腿

伸展关节

髋膝踝关节·臀腿肌

抬腿可强化髋部、膝盖、脚踝关节，促进下身气血循环，防治水肿、四肢冰冷、痛风、关节炎，还能瘦腿、提臀、慢老。但提醒心血管病者，抬腿动作要慢，少做几次就好；有关节病痛者，膝盖或脚跟微抬即可。

STEP

吸气三分

1 立式，提臂平掌

双脚打开与肩同宽，身体挺直，调息后，双手掌心朝下，平放胸前。

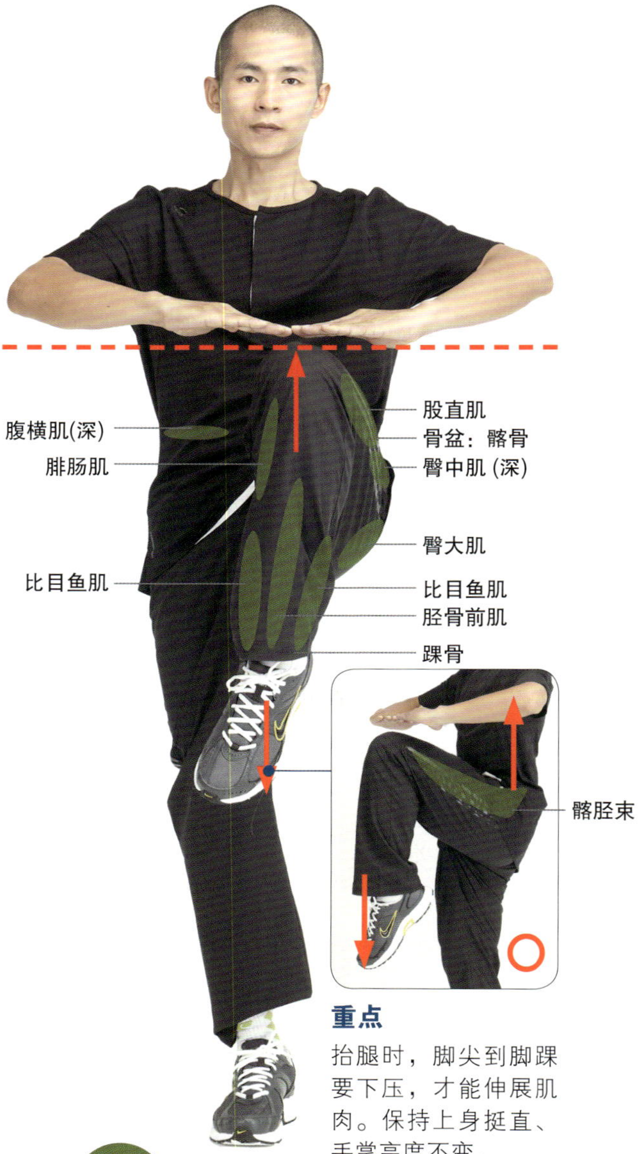

重点

抬腿时，脚尖到脚踝要下压，才能伸展肌肉。保持上身挺直、手掌高度不变。

抬吸放吐

2 抬单腿碰掌

单腿膝盖抬起碰掌心，平衡片刻，再换脚练习。初学者左右交替练3次，熟练后练10次。

八段锦热身必知

5式拉筋伸展操

找到伸展极限，强健筋肉弹性

我教大家热身时做的关节伸展操、拉筋伸展操、强力少林拳，除了有助于接下来做各种气功武术，也是单独的基本功、健身操，可针对需要舒压锻炼的部位练习。

正确拉筋，筋肉弹性可拉长到1.5倍

当我们做运动时，肢体必须靠关节支撑转动、靠筋肉移动。关节和骨头的位置本身是固定的，但正确拉筋，肌肉的长度可达1.5倍！

当筋肉能练到这么好的弹性时，不但能与关节骨头的运转支撑相辅相成，而且能提高能量代谢的效率，达到更好的运动表现（范围、力度、速度等），练出纤长的体态，让身心内外都能慢老，看起来更年轻。

缺少锻炼的话，人体的肌肉量会随年龄增长持续流失，很容易因为运动、营养不足，而筋肉越来越紧缩、虚弱。此时一来会因气血不足而导致身体不适，二来脂肪囤积，即使吃得不多也变胖，而且体态歪斜变矮，甚至连日常行动都越来越不方便。

所以说，我常提醒初学者，即使你现在只学会热身几招，就应该每天练习反复拉筋，尽快开始做操健身！

拉筋伸展操 1

转腰侧伸

拉伸肌肉

腰腹・侧腰臀・臂肌

转腰侧伸动作分两部分：转腰拉动腰、腹、侧臀等筋肉经脉；侧伸活络平常很少运动到的臂侧、体侧、上背，可以加强肩关节和上身筋肉柔软度，促进气血循环，尤其可改善上身酸痛、肩关节炎、肩颈僵硬。

吸气

1 立式，右手持拳同肩高

双脚打开与肩同宽，调息后，右手握拳，拳眼朝上，往前伸直与肩同高。

STEP

吐气

2 手腰向左后转

右手伸直，带动腰部往左后方转；左掌用力扣住右肩。左转10次后，回正换手。

重点

转身时，头、眼随手动。下肢保持稳定，脚掌要贴地，不可翘起。

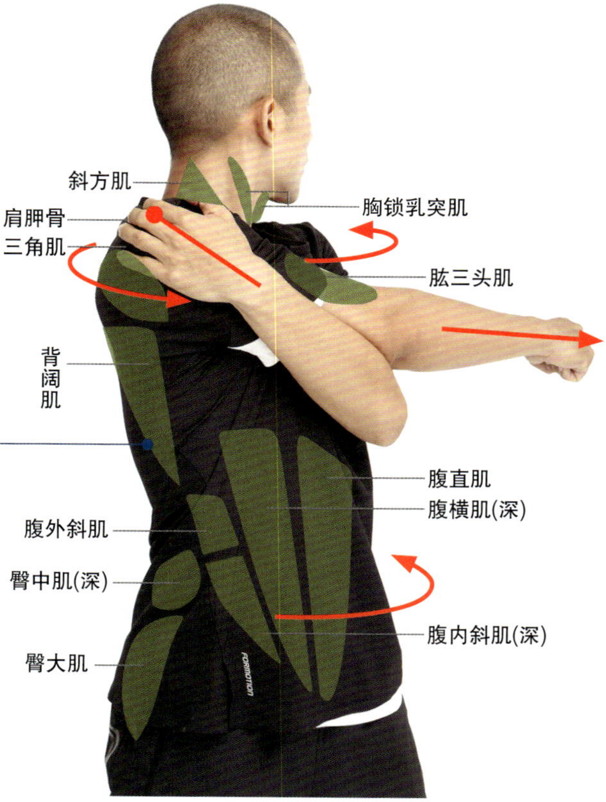

拉筋伸展操 2

压肘

拉伸肌肉

肘臂·胸背·腋窝淋巴结

手臂上举压肘可拉伸腋窝淋巴结，促进淋巴排毒、改善上身酸痛，并拉动身体内外两侧肌群，活络肩臂，紧实上臂肌群。背后压肘则拉伸到臂肩、背部、后腰；如手肘无法弯到背后，不要勉强，可先从手背贴在腰后练习。

压吸 松吐

1 上压肘

双脚打开与肩同宽，调息后，右掌向下贴住后背；左手扣住右手肘，往后下压10次，换手练习。

STEP

压吸 松吐

2 下压肘

右掌掌背直贴于后背中轴，左手扶右肘，往上推10次，换手练习。

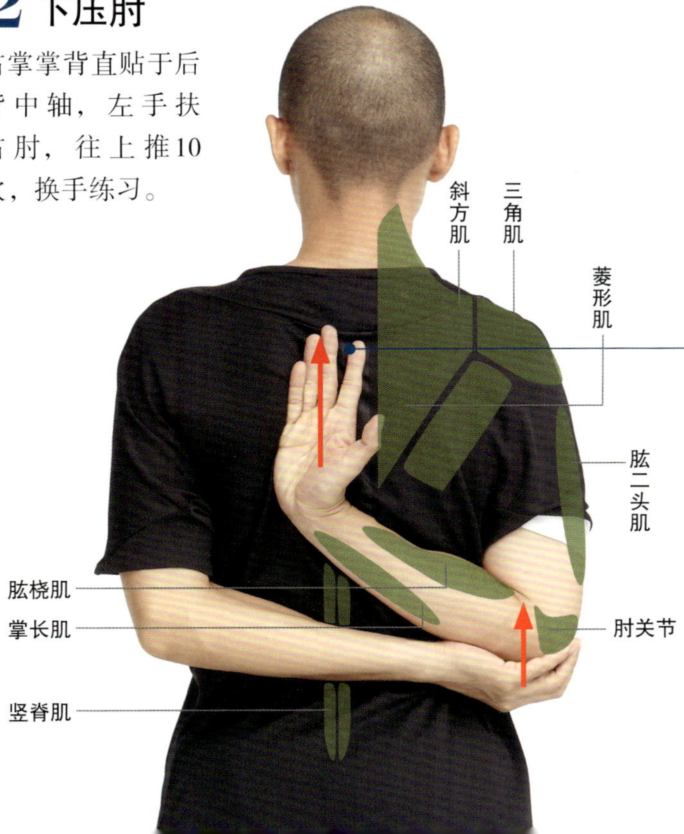

重点

❶若一只手碰不到另一只手的肘部，只要抓住能碰到的部位即可做推压。

❷若掌背贴不到后背，可横贴在后腰练习，也有拉伸作用。

拉筋伸展操 3

双手后接

拉伸肌肉

肘臂·胸背·腋窝淋巴结

此招持续压肘，加强拉伸臂、肘、腋窝、胸、背，让上身经脉筋肉完全舒展。可缓解慢性疲劳、内分泌失调、肩背酸痛、肘腕炎，并矫正体态。若一开始双手无法相扣，可先练上页“上压肘”和“下压肘”松一下筋。

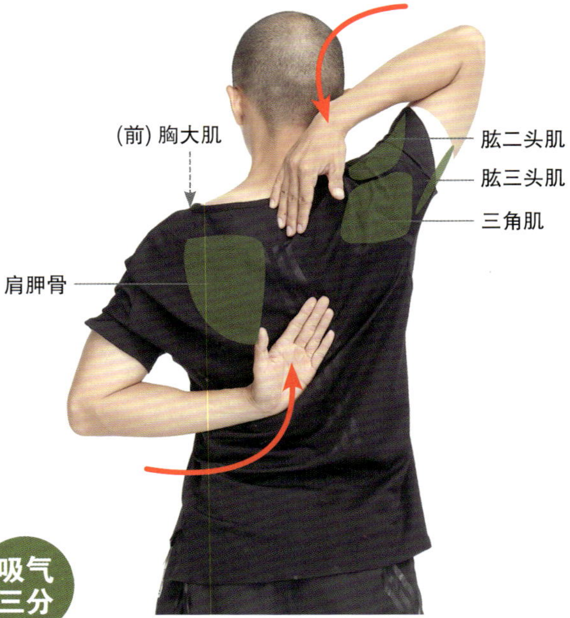

吸气三分

1 右掌贴后背，左掌背贴脊柱

双脚打开与肩同宽，调息后，右掌从肩膀向下贴后背，左掌背从后腰往上直贴脊柱。

STEP

呼吸平顺

2 双手相扣

左手向上、右手向下，手指相扣，双手轻拉10下后换手练习。

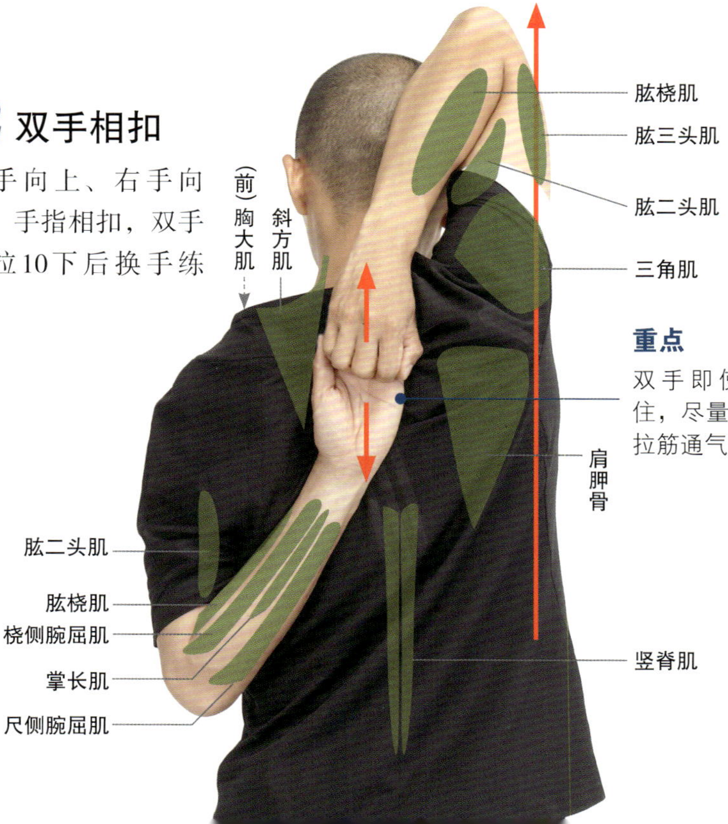

重点

双手即使无法扣住，尽量拉伸也有拉筋通气效果。

基础热身

拉筋伸展操 4

弓步压腿

拉伸肌肉

大小腿・膝关节・腰臀

腿部前弓后伸，将全身气力送到下身筋肉经脉，有益于消化代谢、气血循环，并锻炼腿、臀、腰肌群关节，消除身体酸痛、冰冷症状。热身后，练马步及八段锦的“左右开弓似射雕”“摇头摆尾去心火”“攒拳怒目增力气”都将更见功效。

重点

两脚掌要紧贴地面。前脚掌朝前、后脚掌朝旁边，勿成一直线，避免失衡摔倒。

吸气

1 前后弓箭步

双脚打开至肩宽的两倍，前弓后箭站稳，双手握住腰侧，稳定重心。

STEP

吐气

2 按压前膝

身体重心下移，双手放到前腿膝盖上，用力按压10次，换脚练习。

重点

下压时，后腿需伸直，稳定身体重心。上身要保持挺直。

重点

膝关节无力、有脚伤者，可用椅子辅助练习，可分散负重，避免跌倒。

拉筋伸展操 5

盘腿转身

拉伸肌肉

腿膝踝·髋臀·下背

盘腿能改善腿部、脚踝、髋关节的柔软度，伸展大腿内外侧、臀部和下背部的筋络肌群；加上左右转身，可伸展头颈、腰部、下背两侧，刺激脊柱、任督二脉，使全身气血畅行，缓解精神不济、身体酸痛、压力失眠等症。

吸气

1 左上右下盘腿叠膝

盘坐，左腿在上、右腿在下，慢慢把两膝盖往中间移动，让两膝在上下一条直线上，上身保持挺直。

STEP

吐气

2 上身向左后转

上身向左后方转，左手放在身后，右手放在下腿脚板上，头眼随身转，转身10次。左腿在上盘腿，反方向练习相同次数。

重点

若两膝盖无法叠在一条直线上，水平盘腿就能练习，可适度拉筋。

八段锦热身必知

7式强力少林拳

健身通气，男女皆可练

前文讲了基础热身法，下面要带大家做强力少林拳，作为八段锦的进阶热身法。

进阶热身，少林武僧通脉强肌的日常秘诀

“少林拳”，常常有学员被这个名称吓到，想象是武侠片中赤手劈柴、飞檐走壁等独门武功。

其实，少林武学的精神，更多是在于日复一日的勤学与锻炼，我也是选出普通人都能做的基础拳法来传授。

下列这些拳式简单、作用迅速，能有效提气凝神、活络关节、拉筋伸展。不仅对接下来练八段锦大有帮助，平日单独练习，也能行气活血、通脉强肌，从精气神、五脏六腑到十二经脉，全身都能得到调理，达到平衡阴阳、保健养生的目的。

实际练拳时，只要用我们与生俱来的呼吸方式，有意识地施力与调整，让鼻口吸吐的空气在体内发挥最有效的运用，配合肢体运动，很快就能达到很好的效果。

这是有超强功效的一套拳法，最明显的就是会感觉到气血循环变快、体温上升、关节活顺、肌肉变紧实，并且体能和免疫力都变强了。

强力少林拳 1

劈拳

锻炼肌群 **三角肌 · 臂肌 · 上背肌**

劈拳能紧实臂肌，消除肩颈臂酸痛、“蝴蝶袖”、副乳。它由防守招式变化而来，还能防身，借由肩关节及臂肌的旋转，分散对手的攻击力。

气通穴脉 **肺经**

十二经脉中，肺经走胸到手，经上胸中府穴、肘内尺泽穴，出于拇指少商穴。常运动手臂，疏通肺经，可促进腋下淋巴及气血循环，强化呼吸系统，预防乳腺癌；也牵动上背肩井穴，缓解肩关节炎、落枕。

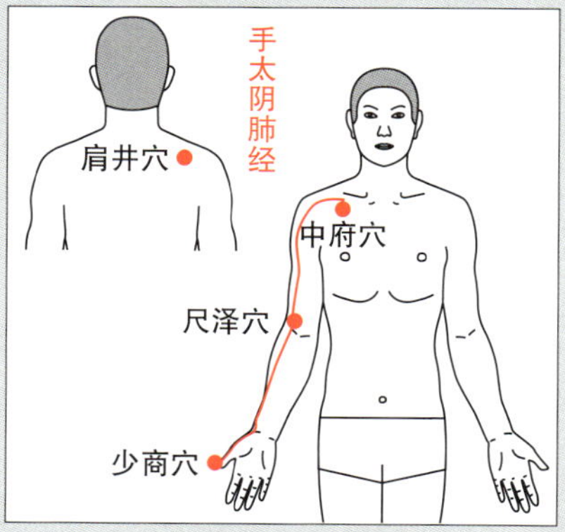

★人体肌群多为左右对称分布，做操时左右次数、力度宜相同。碍于版面，本单元仅标出单侧肌肉名。

动作视频扫描码

气沉丹田

1 立式预备

双脚并拢，肩膀自然放松，双手放在大腿两侧。

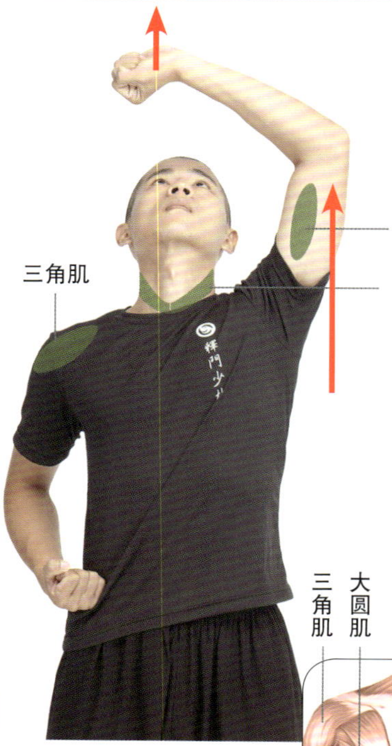

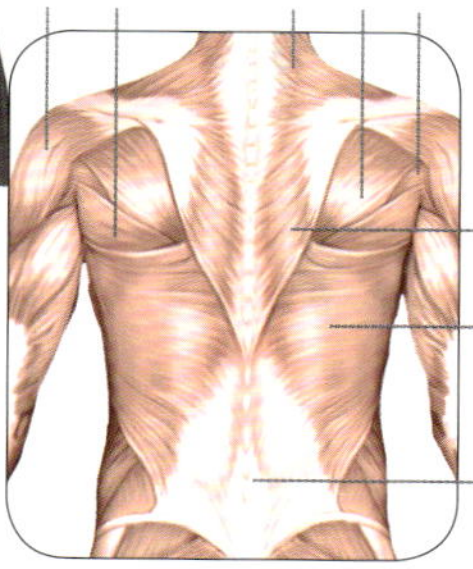

吸气八分

4 攒拳提肘置顶

吸气8分，拳头翻转180度，顺势将手肘举到头顶正上方，视随手动，掌心朝天。

重点

手肘和手臂稍微用力夹紧身体，不要松开。

吸气
吐气

2 双手握拳在腰

双脚打开与肩同宽，双手先提到肩位、吸气；掌心向上握拳、吐气，顺势将双拳下放腰侧。

屏气

3 提左肘移拳

左拳横移到腹部前方，拳心朝上，向前平视。

重点

左、右拳交替，轻缓地做2次，再左、右分别用力做1次。

吐气

5 向侧身劈拳，换手

左臂拳心朝前，向侧身用力劈下到肩高；眼随手动，同时把气吐尽，收拳到左腰。换提右拳练习，交替2次收拳在腰。

提气
吐气

6 拍掌，收腿

两手松拳为掌，提气侧伸到头顶，左掌背用力拍右掌心一下；吐气，收拳在腰；再下移到腿侧，收腿。

强力少林拳 2

冲拳

锻炼肌群 **三角肌·臂肌·腕关节**

此拳是八段锦第7段“攒拳怒目增力气”基本型（p.130）。依照“提拳吸气、出拳吐气”，利用前臂出拳“急旋寸力”的劲力，活络并紧实肩臂腕肌群，消除酸痛，并疏通肺经要穴，增加肺活量。

气通穴脉 **肺经**

疏通手腕内侧手太阴肺经要穴：列缺穴、太渊穴、鱼际穴；尤其列缺穴是肺经与任脉的交会处，常按有助于防治咳嗽、感冒、气喘、鼻炎、头痛、落枕、遗尿。

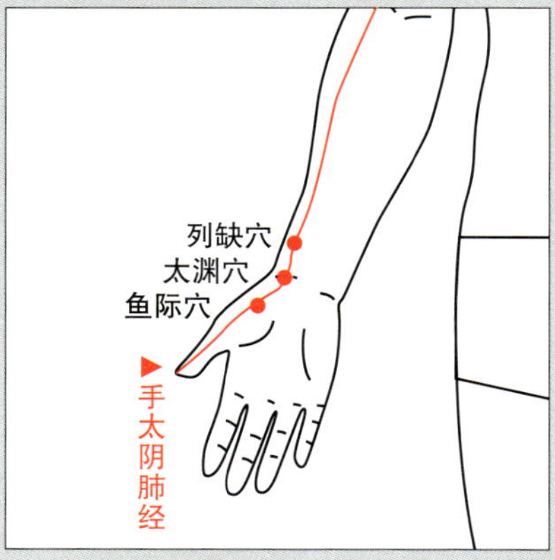

动作视频扫描码

吸气 吐气

1 立式握拳

双脚打开与肩同宽，双手先提到肩位后吸气；掌心向上握拳，吐气，顺势将双拳放在腰侧。

STEP

吸气

4 收拳，换提右拳

左拳掌心转向上收拳，放回腰侧，同时换提右拳。

吸气

2 提左拳到胸位

吸气，左拳提至胸侧。

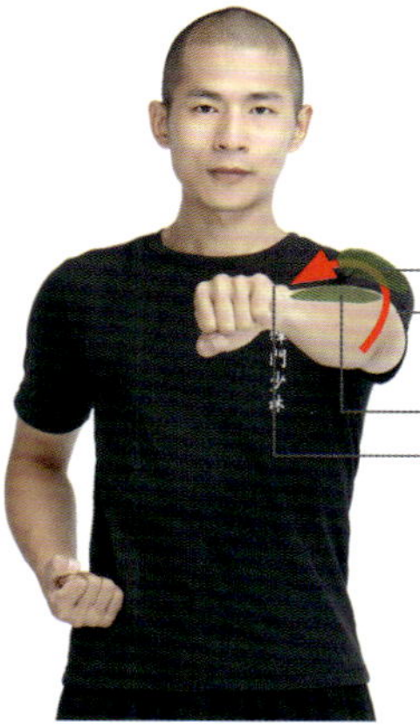

吐气

3 推拳急旋出拳

左拳慢慢向前推出约手臂1/2长，拳心急旋转向下并瞬间出拳，顺势张口吐气。持拳片刻，把气吐尽。

重点

一开始左、右拳交替，轻缓地做2次，再稍快些连续做数次。

吐气

5 推拳急旋出拳

右拳慢慢向前推出约手臂1/2长，拳心急转向下并瞬间出拳，顺势张口吐气。持拳片刻，把气吐尽。左右手交替2次，收拳在腰。

提气
吐气

6 拍掌，收腿

两手松拳为掌，提气伸到头顶，左掌背用力拍右掌心一下；吐气，收拳在腰；再下移到腿侧，收腿。

强力少林拳 3

独立步

锻炼肌群 **腿肌·膝关节·臂肌**

借抬膝锻炼下身肌群，加速血液回流、调理生殖泌尿系统、强化腿膝关节。配合张臂训练肢体平衡、活络大肠经。

气通穴脉 **脾经·大肠经**

疏通脚踝内侧上方8厘米处的三阴交穴（足太阴脾经、足少阴肾经、足厥阴肝经在此交会），可防治痛经、畏寒、水肿等病症。疏通手阳明大肠经要穴，食指尖商阳穴，虎口合谷穴，防治喉咙痛、眼睛酸涩、神经衰弱、失眠、中暑等症。

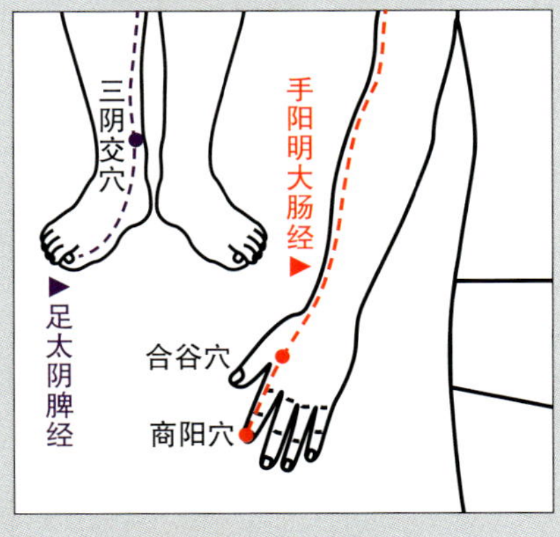

STEP

吸气 吐气

1 立式握拳

双脚打开与肩同宽，双手先提到肩位，吸气；掌心向上握拳，吐气，顺势将双拳放在腰侧。

吸气

2 双掌交于胸前

吸气，双手成掌，双臂在胸前交叉，左前右后。

动作视频扫描码

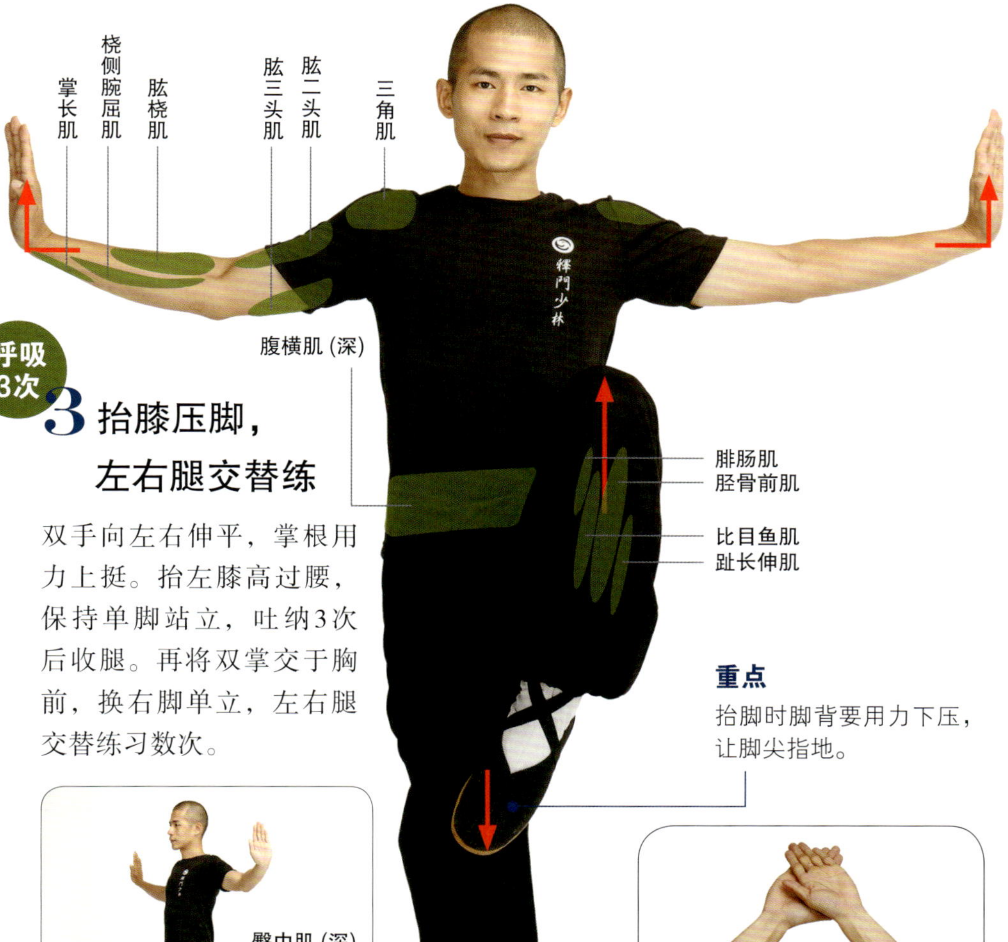

呼吸3次

3 抬膝压脚，左右腿交替练

双手向左右伸平，掌根用力上挺。抬左膝高过腰，保持单脚站立，吐纳3次后收腿。再将双掌交于胸前，换右脚单立，左右腿交替练习数次。

重点

抬脚时脚背要用力下压，让脚尖指地。

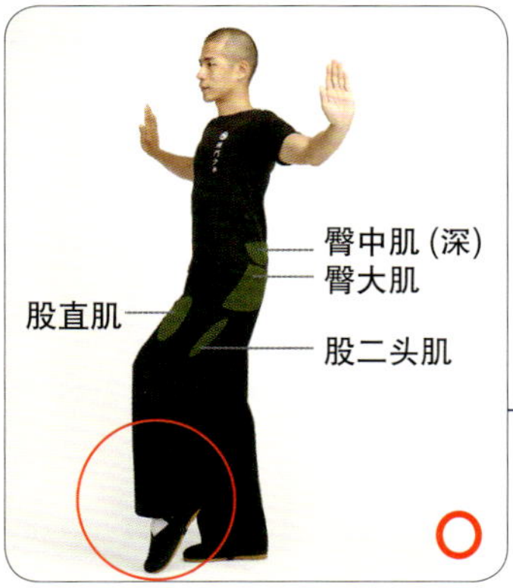

重点

年长、受伤、晕眩症者若无法抬腿太高，可以只抬脚跟，脚尖贴地，一样能运动双腿两侧肌群和脉穴。

提气吐气

4 拍掌，收腿

提气，两掌伸到头顶，左掌背用力拍右掌心一下。吐气，收拳在腰，再下移到腿侧，收腿。

砸拳

锻炼肌群 **臂腕·膝踝关节·腿肌**

下蹲时顺势加强拳头砸击劲力，活络臂腕筋脉，促进末梢气血循环，可消解压力、改善失眠。抬膝下蹲能改善腿部冰冷、水肿、痛风，并锻炼臂腿肌肉和膝踝关节。

气通穴脉 **心经·胃经·脾经**

疏通手腕内侧手少阴心经下端神门穴，主治腕臂酸痛、失眠、烦躁。抬膝疏通小腿足阳明胃经于脚背处的解溪穴，防治肠胃症、腰痛。拉动腿内侧足太阴脾经于脚板内侧处的公孙穴，可改善掉发、脾胃不适、痛经。

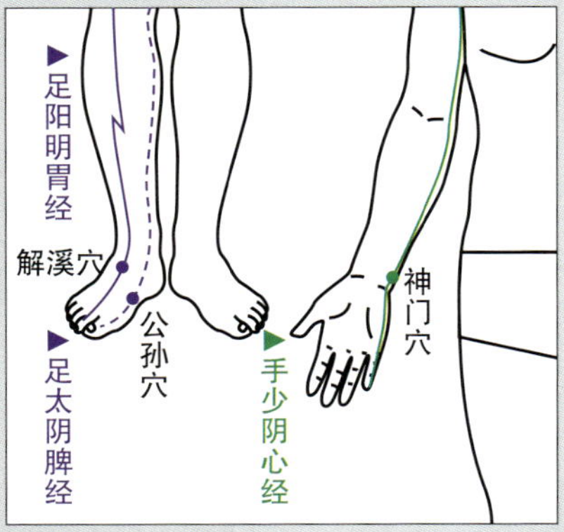

动作视频扫描码

STEP

调息吐气

1 立式预备，一拳会一掌

双脚打开与肩同宽，立式预备调息。右手握拳、掌心朝自己、手臂向上；左手成掌、掌心朝右、指尖朝上；拳、掌相会于胸前，顺势吐气。

吸气

2 举拳推掌

吸气，同时右拳向上，手臂伸直；左掌向左侧延伸，左脚提起，视随掌动。

重点

抬脚时脚背要用力下压，让脚尖指地。

4 左右交替，拍掌收腿

起身重复步骤1~3连做几次，再换另一边练习。收功时于头顶拍掌，收拳在腰，调息吐气，拳顺移到腿侧，收腿。

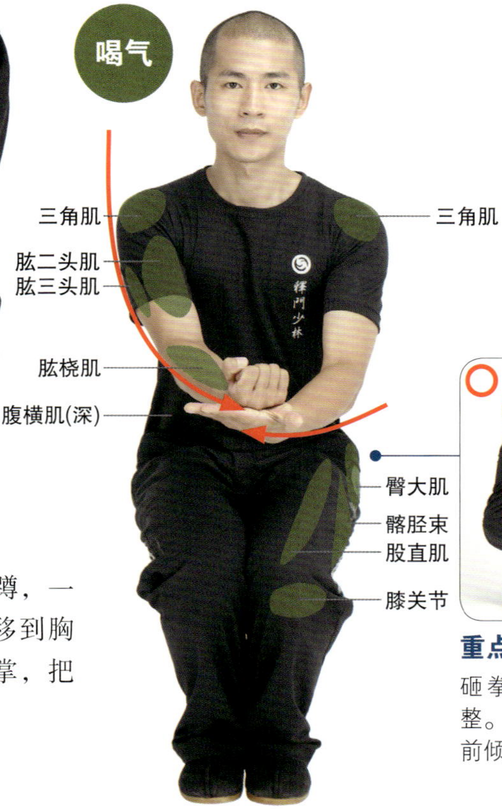

3 蹲膝砸拳

左脚放下并膝下蹲，一边吐气，右拳下移到胸前时用力砸击左掌，把气喝出。

重点

砸拳力度、下蹲程度应量力调整。下蹲时腰背要挺直，不可向前倾。

强力少林拳 5

马步

锻炼肌群 **臀胯·腿肌·膝关节**

上身坐马、下身步法，马步是养生功之本。此招“四平大马压身”促进气血循环、缓解腰酸背痛。但上身无法压低、心脏病、高血压、眩晕症者勿勉强，立身圆胯，调息即可。

气通穴脉 **胃经·脾经·胆经**

疏通脾经于膝内上2寸血海穴，缓解贫血、湿疹、痛经问题。疏通胃经于膝下3寸略外的足三里穴，此穴位又称长寿穴。疏通此穴可改善肠胃症、高血压、鼻炎。疏通胆经于膝外下1寸阳陵泉穴，缓解改善膝关节炎、抽筋问题，促进血液循环。

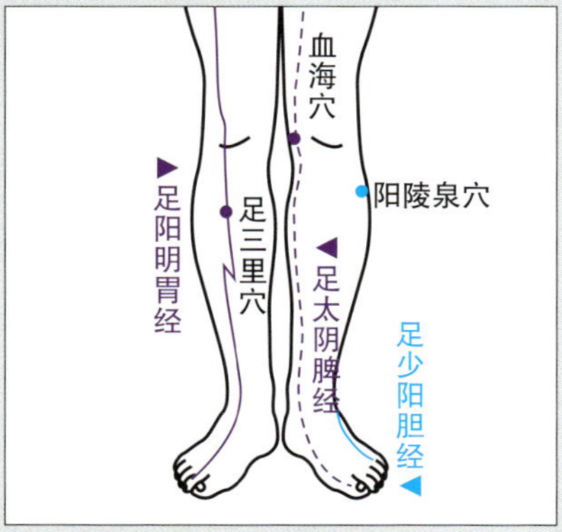

吸气 吐气

1 立式握拳

双脚打开与肩同宽，双手先提到肩位后吸气，掌心向上握拳后吐气，顺势将双拳放在腰侧。

STEP

自然呼吸

3 四平大马压身

张开腿成大马步姿势，前弯压身，双手抓住脚掌，手肘顶住膝盖，头眼微抬，慢慢吐气。屏气片刻感受背、颈、腿的伸展。

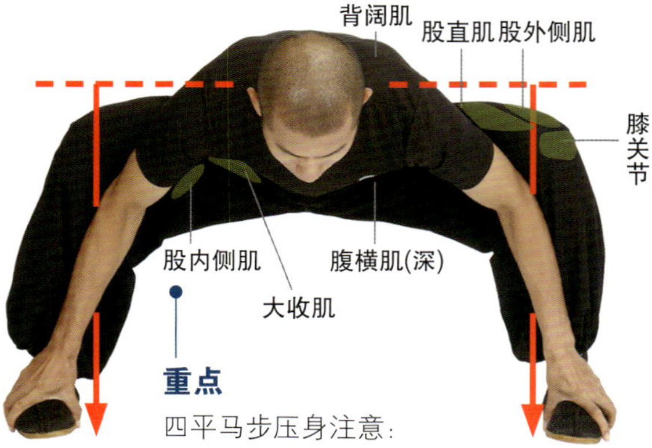

重点

四平马步压身注意:

1. 大、小腿成90度。
2. 脚掌相平行、脚尖朝前。
3. 背部压平勿拱起。
4. 肩膀放松。

动作视频扫描码

自然呼吸 2 双脚距为脚长的3.5倍

右脚立稳，左脚掌先向内横放，再向外、内、外转，直到两脚距为脚长的3.5倍宽度。

重点

马步压身时，伸展的力量是从大腿内后侧往脚掌拉，而非从外侧拉到膝盖。上图中脚尖膝盖朝外、大腿太高、背部拱起都是错的。

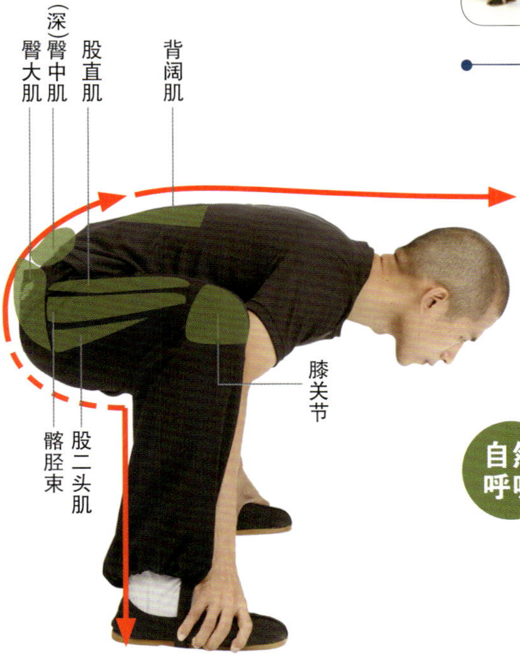

自然呼吸 4 起身拍掌收腿

松手、慢慢起身、收腿，双手于头顶拍掌、收拳、调息收功。

强力少林拳 6

砍掌

锻炼肌群 **肩颈·臂掌·胸肌**

朝左上和右下挥臂砍掌，头、颈、眼随着转动，有助于手肩胸背治酸强肌，消解眼脑压力，且增加心肺含氧量，也激活循行于手臂的手太阳小肠经和穴位。

气通穴脉 **小肠经**

拉动手太阳小肠经要穴：手肘外大骨尖，曲肘凹陷处小海穴，手腕背面外侧骨突处缝隙养老穴，小指根部关节外侧后溪穴，有助于防治头痛、眼压高、颈臂酸痛、落枕。

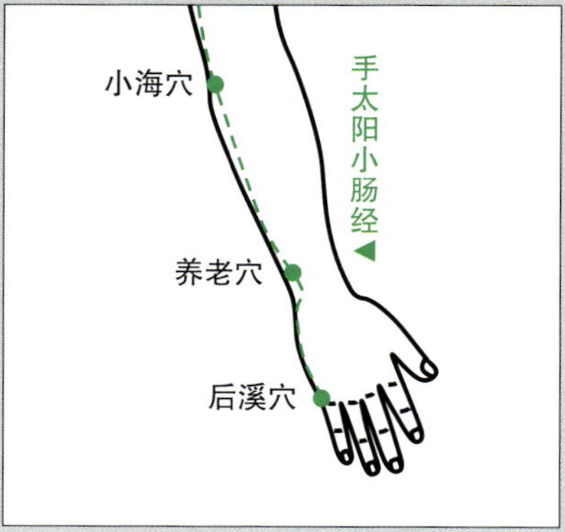

动作视频扫描码

吸气 吐气

1 立式握拳

双脚打开与肩同宽，双手先提到肩位后吸气，掌心向上握拳后吐气，顺势将双拳放在腰侧。

STEP

喝气 换手喝气

4 向左砍掌喝气

以腰带力，左掌顺势砍向左侧，头、眼随手动，同时喝气。收掌、握拳于腰，换练右手。左、右缓和交替练2次，再连续进行。

吸气

2 左手持掌提臂

左手持掌，沿胸前斜移向右肩。

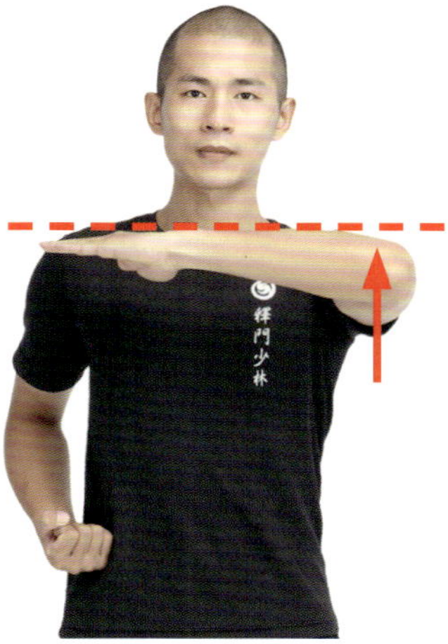

屏气

3 提肘平肩

左手肘提到与肩膀同高，掌心转向下，稳定后稍微屏气。

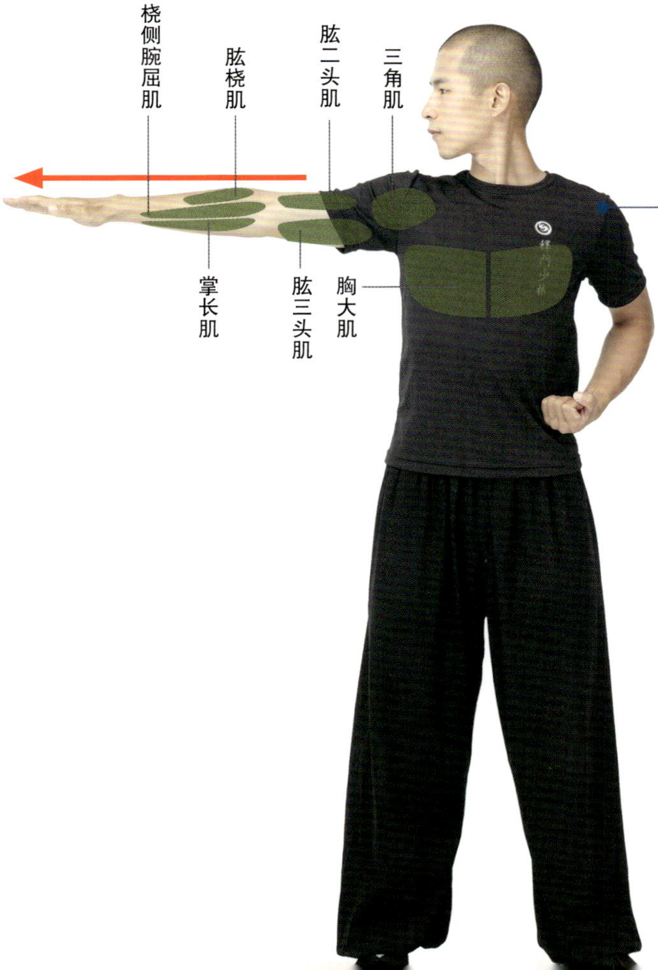

重点

提臂砍掌时，手臂需与肩膀同高。

提气 吐气

5 拍掌，收腿

收拳在腰，再到头顶拍掌，收拳、收腿，调息收功。

崩拳

锻炼肌群 **臂肘·肩颈·胸肌**

崩拳带动手臂、肩膀肌群，活络颈、肩、肘关节，也刺激肩臂的经脉和穴道，改善肩颈酸痛、胸闷气虚，且有益于消化系统。

气通穴脉 **小肠经·大肠经·心经**

疏通肩胛骨中央略凹处手太阳小肠经之天宗穴，可缓解肩臂酸痛、肘痛手麻、气喘、风湿。疏通手肘外侧手阳明大肠经之曲池穴，可防治皮肤症、过敏、高血压、糖尿病、中风。疏通腋窝正中手少阴心经之极泉穴，缓解胸闷、胃胀、狐臭。

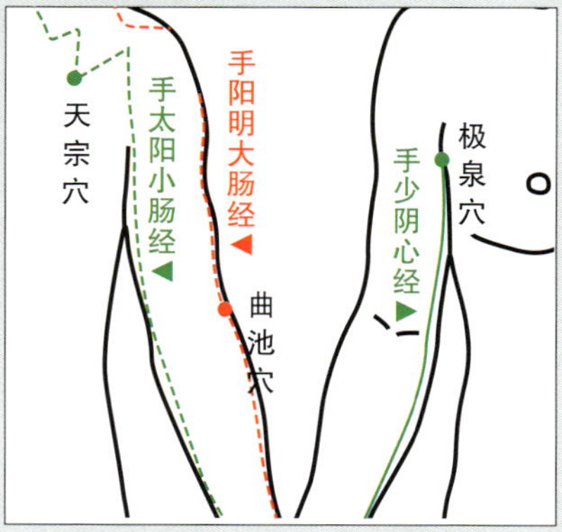

动作视频扫描码

吸气
吐气

1 立式握拳

双脚打开与肩同宽，双手先提到肩位后吸气，掌心向上握拳后吐气，顺势将双拳放在腰侧。

STEP

吐气

换手
喝气

4 翻臂出拳

左臂出力翻转向上、向侧身击拳，喝气，头眼随手动。左拳收回侧腰，换手练习。左、右拳缓和交替各做2次，再左、右连续做数次。

吸气三分

2 左拳向右下

左拳朝右下方移动，顺势吸气三分满，沉于下腹丹田。

吸气

3 提肘吸气

左手肘往左上方提起，不可耸肩。

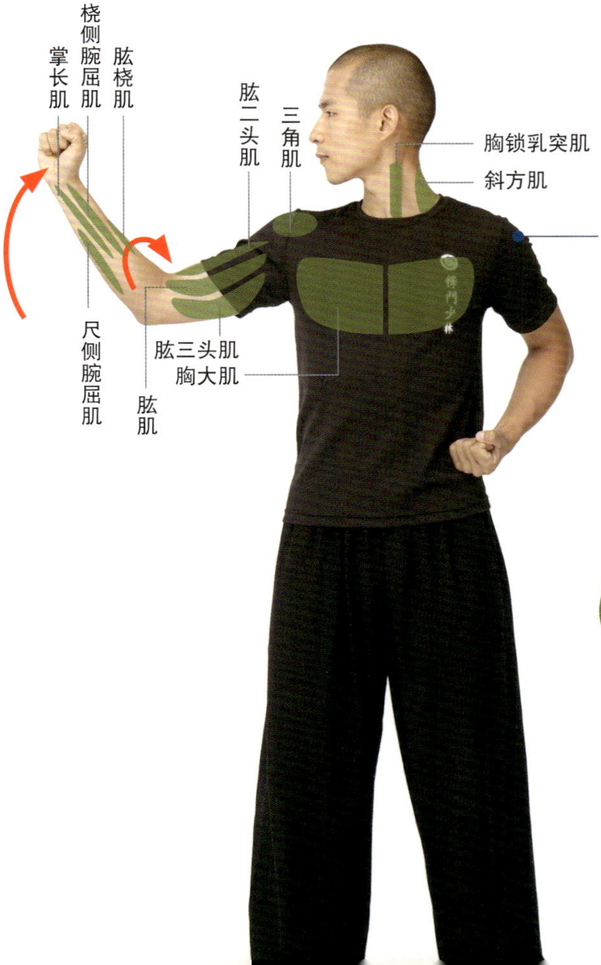

重点

出拳时，以肩关节转动、臂肌翻转发力；但不要耸肩，肩膀要保持水平。

提气吐气

5 拍掌收腿

收拳在腰，再到头顶拍掌，收拳、收腿，调息收功。

Chapter 3

八段锦各段式肌肉透视图

全身保健，4D健身,每次3分钟也有效!

【教练说】

八段锦从预备式就决定了健身效果

八段锦3项 预备心法 健身效果

point 1 任督二脉

通正全身中轴，点亮4D健身光明灯！

前文说过，八段锦是一套全方向、由内到外、由心到形、有起承转合过程的4D徒手健身法。而要练好八段锦，最基础也最快的办法就是找到身体的中轴——任、督二脉。八段锦每个段式都以任脉或督脉为中轴，来做上下拉伸、左右转动、前后弯延，练习时务必专注地感受任、督二脉的变化。八段锦能促进全身尤其十二条正经的运作，提高身体消耗能量、代谢废物的效率！

任脉：位于身前中轴，对内脏机能、生殖力格外重要！它起于肛门与阴部中点会阴穴，往上经肚脐、胸腔，到下唇承浆穴，统合调节全身阴经的气血（见p.29），故称阴脉之海。

督脉：位于背后中轴，行经身体最重要的脊椎神经系统，我们的行动力、运动力、生殖力都靠它！它起于尾骨处的长强穴，往上到头，再往前到上唇龈交穴。督脉统合调节全身阳经气血，故称阳脉之海；督脉自长强穴往下于会阴穴与任脉相遇。

任脉穴位

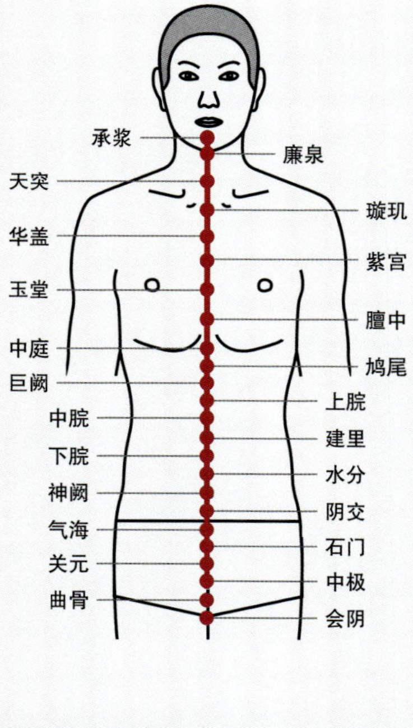

督脉穴位

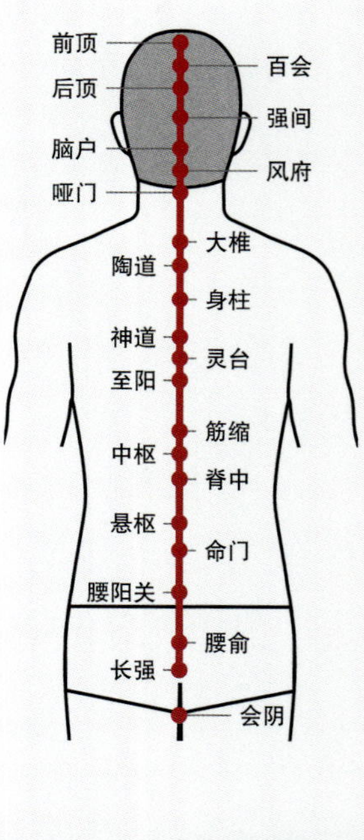

point 2 震脚

简单的动作，瞬间提振精气神！

八段锦较强劲的段式有第2段“左右开弓似射雕”、第4段“摇头摆尾去心火”、第7段“攒拳怒目增力气”，都有震脚动作，它能迅速提神、补气、泄力、整劲，使脚下有力。泄力指震脚时，身体其他部位必须放松，顺势把气放掉；整劲是配合全身力度做往下震的动作。

震脚的动作分解为：**提脚 → 钉地 → 返挫**。不是猛力踏地、震声吓人，这会伤脚、伤腰、伤脑。要搭配热身、呼吸动作，尤其要扎马步熟练后再做。练习时要注意：

1. 提单脚，让全身重心移到另一脚。
2. 轻快落地，用全脚掌很快抓地，不可用脚尖或脚跟蹬地。
3. 紧接着开胯马步，稳住定式，压低胯部。

震脚喝气　　张手画圆　　马步定式

point 3 怒目

借眼球运动刺激脑、肝经，提升核心代谢能力！

八段锦如第7段“攒拳怒目增力气”，怒目聚气于丹田，用攒拳聚力于骨肉，使气通肝经，滋养肝胆，有助于提升全身脏器的代谢能力，也能活络平时很少运动到的脸部和眼球神经。

怒目的动作分解为：**张目 → 瞪瞳**。并非真的要动怒，而是运用生气时睁开眼皮、放大瞳孔的生理反应，刺激眼球、脑神经、肝经和肝胆，达到提神、明目、醒脑功效。

八段锦第7段“攒拳怒目增力气”

八段锦3项 预备功法 健身效果

point 1 基本身形

矫正歪斜体态，紧实线条

练八段锦时，除了要充分热身，在每一段的开始与结束，还必须掌握预备功法和收式功法，以确保神、气、体做好准备。**即使只练一段动作，也应该有起承转合，即：热身 → 调息预备式→操练→收式功法**。

八段锦的预备功法包含：**（1）基本身形；（2）基本动作；（3）调息预备式**。基本身形指你的身体形态，如站姿应顶天立地、挺脊正头平视、松肩提气收腹，有助于提神蓄力、唤醒心肺功能。做操过程也要注意到身形端正，不可忽略回正时的站姿，不可凸腹、驼背、三七步。平常多练基本身形，也能矫正体态、解郁醒脑。

point 2 基本动作

提升运动效率、肢体协调度

八段锦的基本动作如预备式、四平马步、弓箭步、弓指、握拳等，是带动段式各环节的规律性动作。平日可分解练熟基本动作，练功前在脑中演练一遍，能帮助实练时身脑协调、施力发劲、舒缓不适。

马步：光练蹲马步就能锻炼下盘所有肌群。马步是“左右开弓似射雕”“摇头摆尾去心火”“攒拳怒目增力气”的基本姿势，初学时宜选“开胯圆裆马步”，不勉强蹲冂字形“四平马步”。

弓箭步：如“摇头摆尾去心火”两脚前弓后箭，前屈后直，上身重心下降但挺直。后脚板宜外斜一点，使重心平稳。

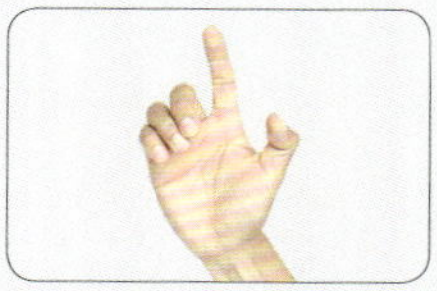

弓指：如“左右开弓似射雕”，拇指、食指略伸直，虎口撑圆，其他三指弯曲合并，有助于聚力拉臂，促进末梢气血，导引运动方向。

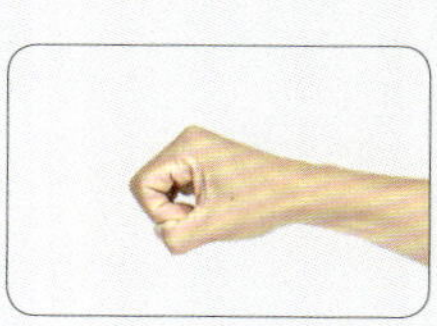

轻握拳：拇指贴食指，但五指弯曲成空心拳眼。

point 3 调息预备

气血通畅，舒压又强身

各段式预备时，最重要的就是调息。如上一章热身少林拳法的预备式：提气并将双掌心放至身前，翻掌变握拳，吐气，置拳于腰侧，同时头、眼左转即回，来达到调息、提气、方向导引的作用。

八段锦各段的预备式为：**端正站姿、调息、提气、凝神**。首先，双脚站立与肩同宽，脊背挺直，双肩放松，头眼持正。接着调息，借双掌心上移提气，于胸前翻掌下移吐气，使呼吸平顺，气沉丹田。如一吸一吐后，身心还未平顺，建议多调息几次。

八段锦预备式调息，提掌提气，气沉丹田。

翻掌下移吐气。

八段锦 收式功法 健身效果

避免练功后不适，感受躯体潜力

最后说八段锦每个段式结尾，都会回归预备式做收功：放松身体，双脚站稳同肩宽，头正视平，下巴内收；双手先解拳松掌，从头顶（左右侧画圆而上）或胸腹前（翻掌向下）慢慢下移泄气，下放到两腿侧；配合慢慢吐气，丹田养息，静心片刻，完全稳定了才能进行下一段。收功要做好，否则容易手脚麻胀、心跳过速、气血逆冲，或是感觉不舒服，以为身体无法负荷就放弃了。

八段锦收式调息，画圆解力松气。

八段锦收式调息，降手泄气。

第1段

双手托天理三焦

每日保健
3次/回

每日强肌或缓解不适
10次或早晚各1回

锻炼肌群 内臂肌 → 侧胸腹 → 背肌 → 腿后肌

这个篇章正式教做八段锦的第1段到第8段。如果没时间连做八段，或只想训练或舒解局部，也可以挑单招练。不一定要按顺序做，只是效果会稍有不同。

根据不同的目的（保健或强肌），每日练习的段式、次数、重点肌群要有所区别，单一动作至少每天3次，几分钟就能身心舒畅。特别提醒，即使只做单招也要做好热身 → 预备调息 → 做操 → 调息收式，然后再休息或做下一段。首先，我们先看第1段“双手托天理三焦”。

针对：内分泌系统·心肺功能

“双手托天理三焦”的“三焦”，中医指人体（胸腔、腹腔到膀胱）所分三区：上焦、中焦、下焦，这是气血津液运行到脏腑的脉络，含血管外循环系统、内分泌、筋膜、器官外膜，决定身体的代谢力。如第1章所说，“三焦”与医学界发现的包覆胸腹腔的网膜——间质，很可能是相同的组织结构。此段式即借双手托天、腰往前弯，来刺激核心脏器运转；手臂有很多和脏腑连通的神经和经脉，拉手让线条纤实，肩、手放松，并缓解失眠、胸闷、腹胀、水肿、尿滞留等症。

双手托天时，头颈也要抬伸，但肩颈放松，打开腋窝。鼻吸口吐调息，双臂带动脊柱拉长，拉扩核心腔室，促进气血循环，消减神经压迫，改善驼背腰痛。前弯时头、颈、脊椎顺气向下伸，促使下肢气血流回心肺。这一招牵动全身，而且在原地就能做。

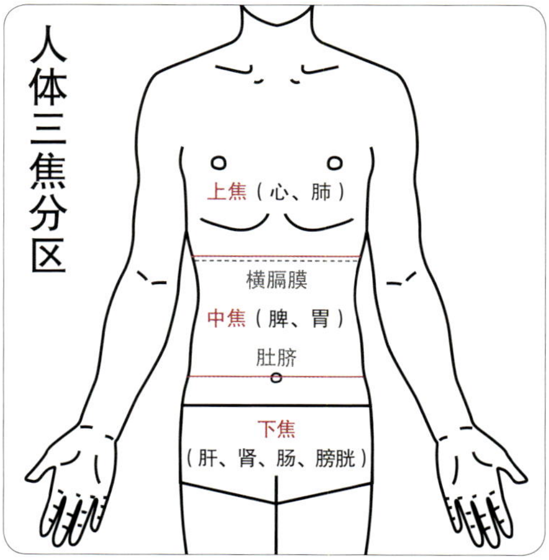

STEP

气沉丹田

1 立式预备

双脚打开与肩同宽，双手自然垂放于丹田（肚脐下3寸处），不用刻意伸直；掌心向上、合指，想象用双臂捧一个大气球，头正视平，呼吸调整平缓。

重点

双肩不可耸起，保持放松，以避免酸痛，这样锻炼出来的肌肉线条才匀称。

重点

吸气时想象打开上腹的中脘穴（肚脐上4寸处），让真气注入三焦，开扩核心腔室。

吸气

2 掌心向上平移

慢慢吸气，双掌往上平移到胸前心肺高度，手与身体保持一个拳头的距离。

屏气

3 掌心向前向上

掌心于胸前翻转朝前、再朝上，准备移向头顶正中心百会穴上方。

重点

勤练者，双手托天时手肘能伸得比较直，但不必勉强；只要尽量举伸内臂肌肉，手肘略弯也没关系（如上图）。

重点

随吸气上举，同时抬头活颈、拉长脊椎背腰，腰、臀、腿打直，勿耸肩翘臀。

吸气
屏气

4 掌心托天

吸气抬头，看着掌心朝天托举，两手置于头顶百会穴上方，相近但不需触碰。手掌根用力托天上顶，内臂肌尽量向上拉伸，打开腋窝。

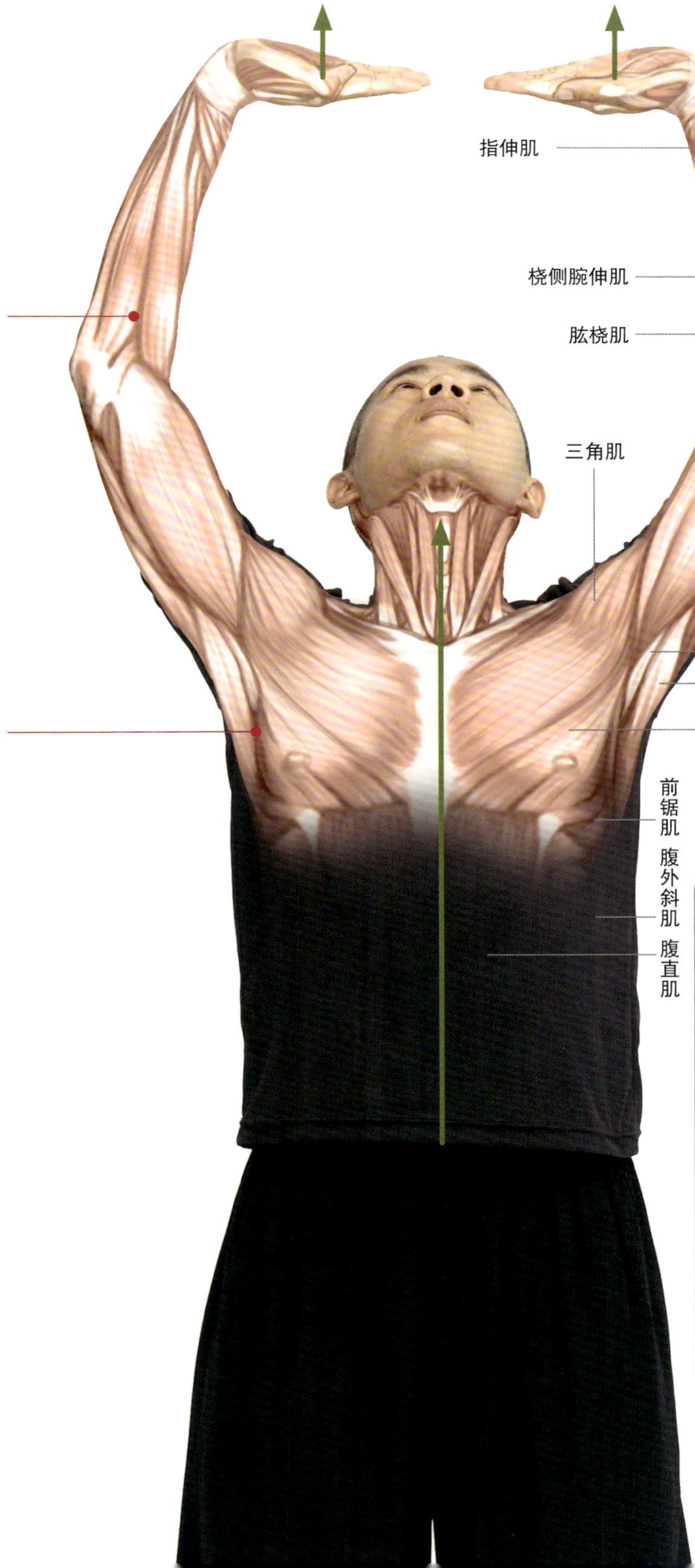

指伸肌
掌长肌
桡侧腕伸肌
桡侧腕屈肌
尺侧腕屈肌
肱桡肌
肘肌
三角肌
肱肌
肱二头肌
肱三头肌
喙肱肌
大圆肌
胸大肌
前锯肌
腹外斜肌
腹直肌

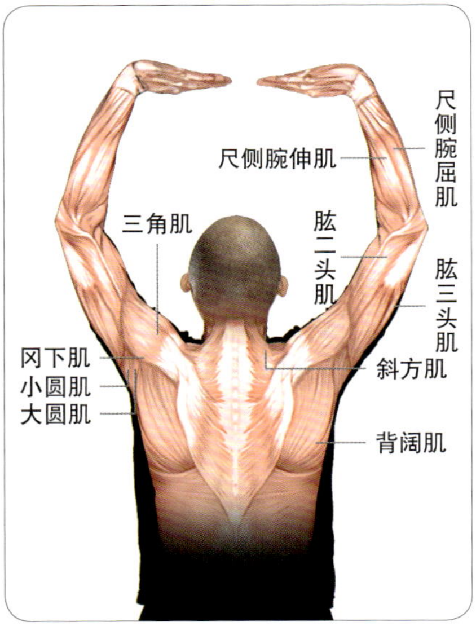

尺侧腕屈肌
尺侧腕伸肌
三角肌
肱二头肌
肱三头肌
冈下肌
小圆肌
大圆肌
斜方肌
背阔肌

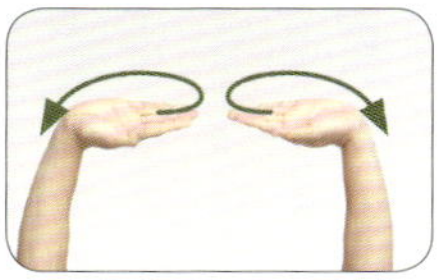

重点

双掌下移前，以掌根为轴心手腕向外画弧线，掌心顺势变成朝下再下移。

重点

双掌与地面保持平行，让手臂、上身筋肉保持施力。

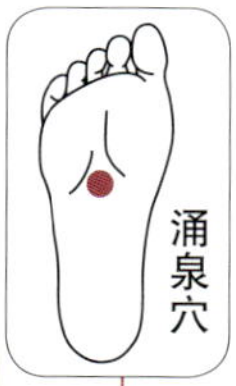

吐气

5 双手放回胸前

一边吐气，手腕向外画弧线使掌心向下，移回胸前；一边想象体内废气从嘴吐气和足心涌泉穴排出。

重点

不必勉强让手碰到脚掌或地面，只要身体随双手下沉的重量下弯，背、臀、腿后侧感觉有适度拉伸即可。

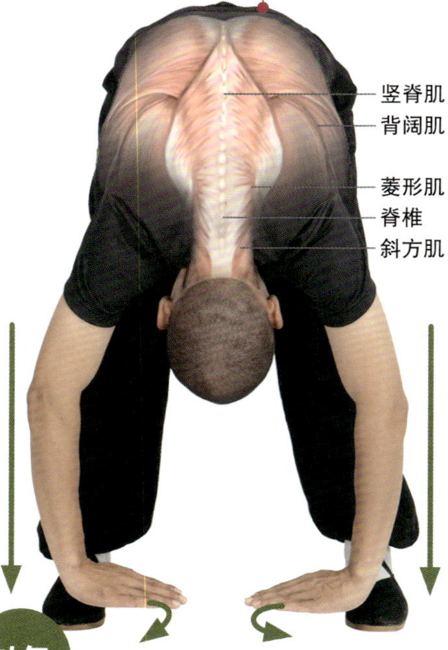

吐气

6 双手下沉

慢慢吐气，双手沿身体下移到脚掌上方，想象掌心向地面吐气；感受拉伸背、臀、腿部后侧肌群。

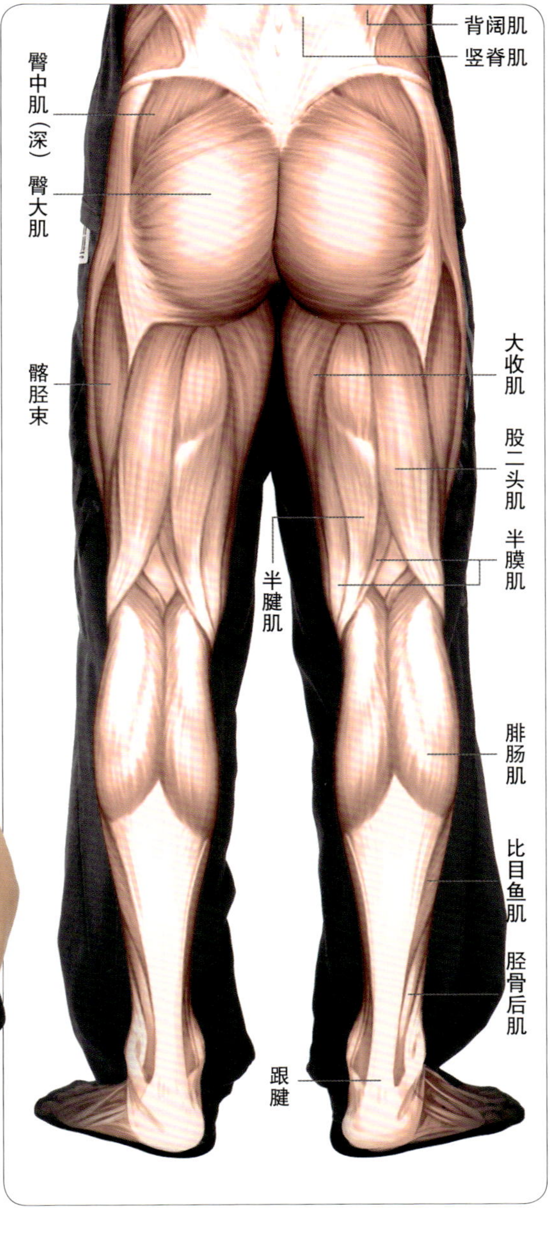

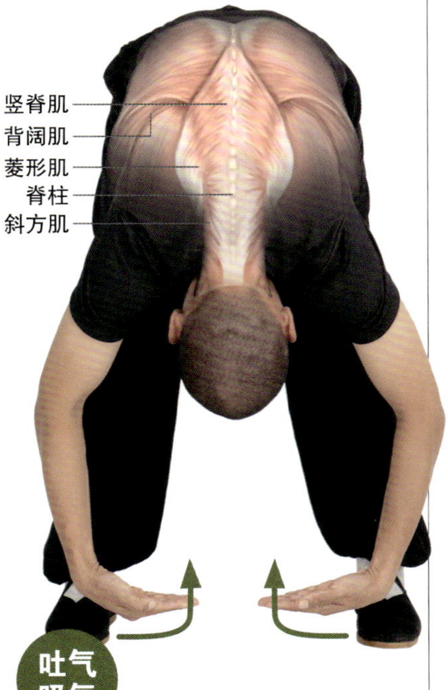

7 翻掌向上

双手画弧翻掌向上，同时慢慢吸气，手准备上移。

吸气 吐气

8 双手移回胸前

慢慢吸气起身，双手往上平移至胸前；就位后，手掌翻转向下，保持手肘与地面平行。

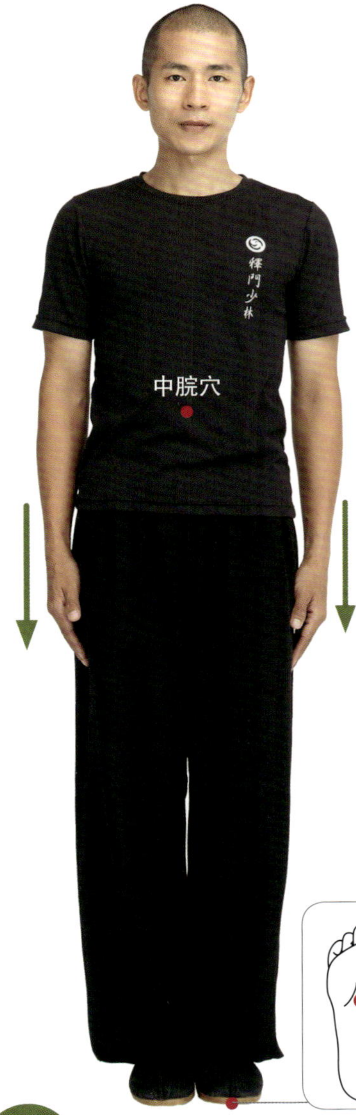

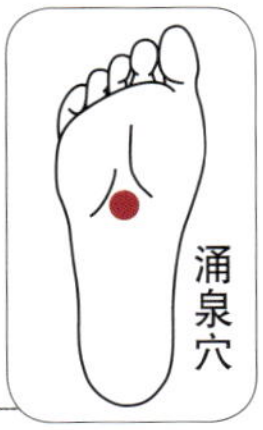

吐气收功

9 放手调息收功

慢慢吐气，双手放回大腿两侧收功；想象关闭上腹中脘穴和足心涌泉穴，将气息存留丹田片刻，调息收腿。

〔教练说〕

双手托天理三焦
改善心肺、内分泌、糖尿病

中医认为，“上焦主纳，中焦主化，下焦主出”，分别负责呼吸（心肺）、消化（脾胃）、排泄（肝肾、肠、膀胱），并能稳定内脏和中枢神经。三焦经的流注是晚上9～11点，所以此类病症通常夜间会更严重。

“双手托天”能拉动十二经脉的手少阴心经、手厥阴心包经、手太阴肺经，按摩上焦的心肺，并带动横膈膜、中焦的脾胃和腹肌，贯通气血。托手前弯则按摩下焦的肝肾、泌尿器官，活络下身的足厥阴肝经、足少阴肾经，强固肝肾。

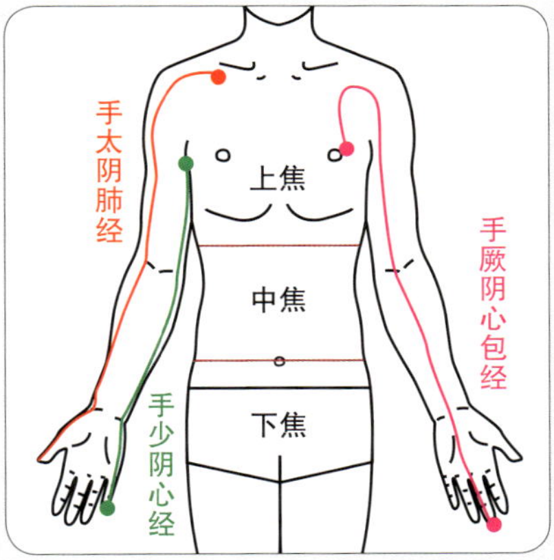

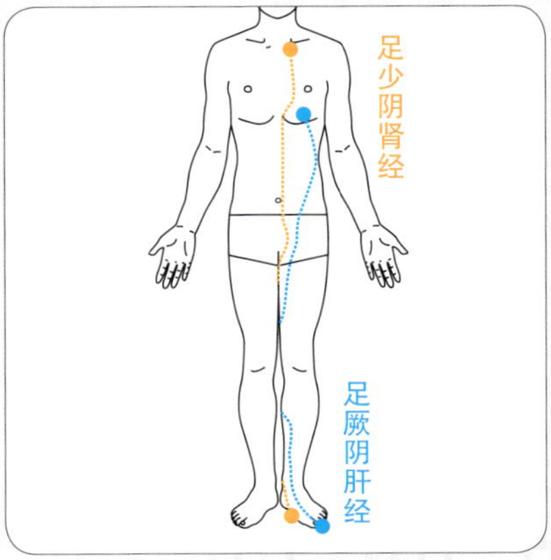

第2段

左右开弓似射雕

每日保健
3次/回

每日强肌
或缓解不适
10次/
早晚各1回

动作视频扫描码

锻炼肌群 臀胯肌群 → 腿肌 → 臂肌

针对：呼吸系统·肩臂肌肉

胸闷、呼吸道过敏、慢性阻塞性肺疾病、免疫力衰退，是现代人常见的核心健康问题，尤其身处雾霾的威胁下，锻炼上身的免疫系统显得格外重要！

“左右开弓似射雕”不但强化臂肌、胸腔、臀胯，而且直接作用于呼吸道、免疫胸腺、腋窝淋巴结，大大提升自愈力。

做操时下身马步、手臂形似开弓射箭，肩膀保持放松，专注拉紧腋下到手掌内侧筋肉。此时旋转前掌，明显感觉手太阴肺经、手阳明大肠经被拉开，肺、脾、胃、肠畅通；同时，拉弓吸气、放松呼气可深层调息，排废理肺，缓解呼吸道不畅、鼻塞及胸闷症状。

注意头颈随手势左右转动，可以松肩活颈。下身马步可活动骨盆、臀腿肌、膝盖，提升全身协调力。

特别提醒大家，“开弓”的手臂要保持伸直，但臂肌、肩膀不要太紧绷，只要掌腕上挺、架弓指（虎口撑圆），就能充分伸展臂下肌肉和肺经、大肠经，女性烦恼的“蝴蝶袖”也会不见。开弓时头颈、上身保持挺直中立，胸腔才能完全张开，畅通气血，活络胸腺、胸肌、乳腺。

STEP

自然呼吸

1 立式预备

延续上一段收腿姿势，或单练此招，先站挺，肩膀放松，双手自然垂放于两腿侧，双眼平视前方，保持呼吸平缓。

重点

提气三分即可，丹田勿吸气太饱，否则肺部会受挤压，容易在震脚时出气过大，长期反致胸闷。

吸气三分

2 掌心向上提气三分

双脚打开与肩同宽，双手掌心朝上提至腹部，同时缓缓吸气至三分满。

屏气

3 左拳右弓

左手握拳、右手架弓，双手交叉放于胸前（左内右外）。

重点

弓指架法为：拇指、食指略伸直，其他三指弯曲。

喝气

4 右震脚，跨马步喝气

右脚提起向下震脚，顺势向右跨出蹲马步，同时大力喝声。手部要顺势做下一个开弓动作。

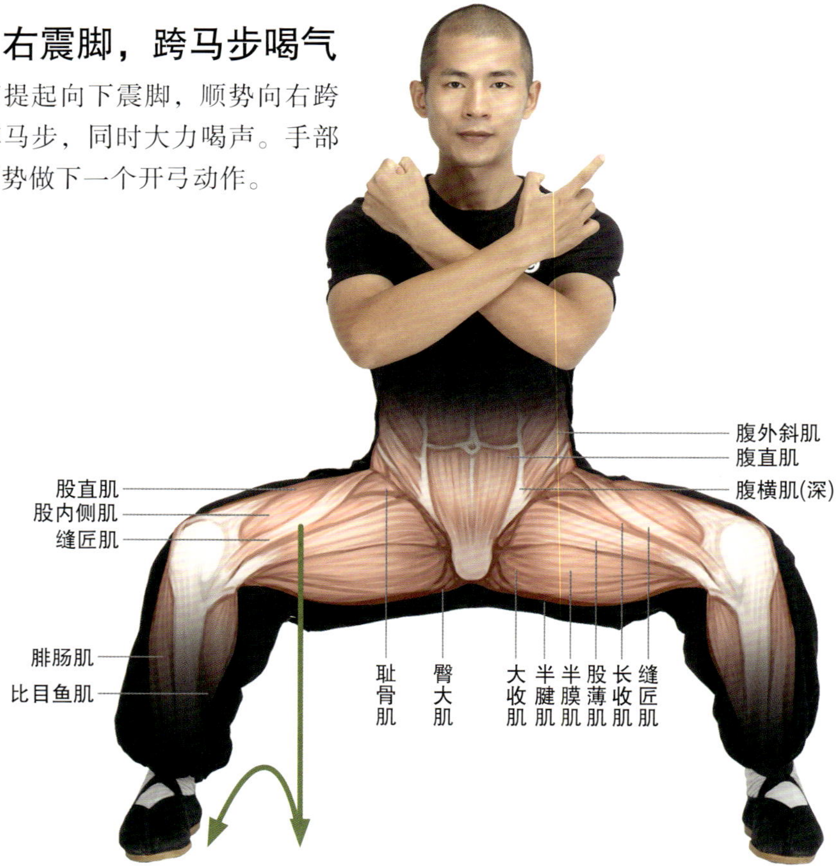

吐气
吸气

5 向右开弓深呼吸

右手往身体右侧打开似张弓，头、眼随之向右，左拳收回至腰部；以丹田力量，张口用力吐气，再深吸气至八分满。

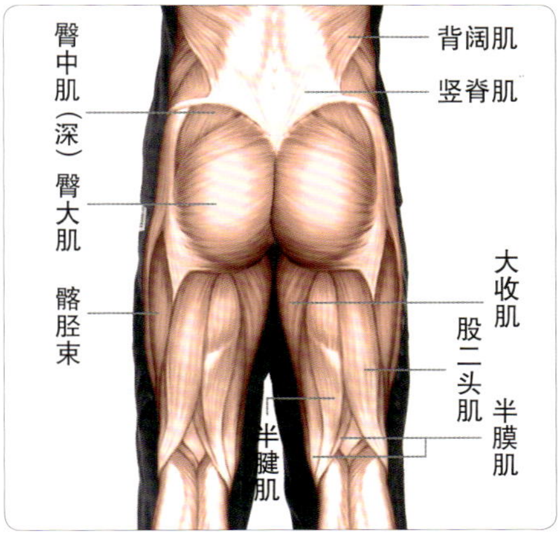

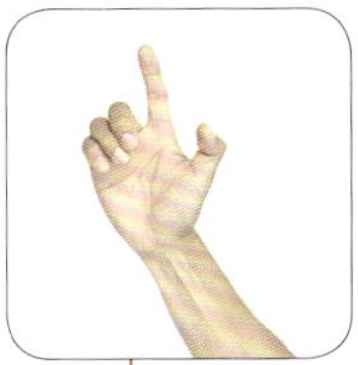

重点

右手弓指：掌腕上挺，食指朝上，另四指弯曲，虎口撑圆；手臂保持与肩同高，但肩膀放松。

吐气

6 平移向前

右手、头颈、眼睛平移转向前方，上身保持挺正，顺势将气缓缓吐完。

屏气

7 左弓右拳

左手架弓指朝上，掌心朝胸；右手在前轻握拳，右臂抬至肩高。两臂交叉呈十字形，保持屏气。

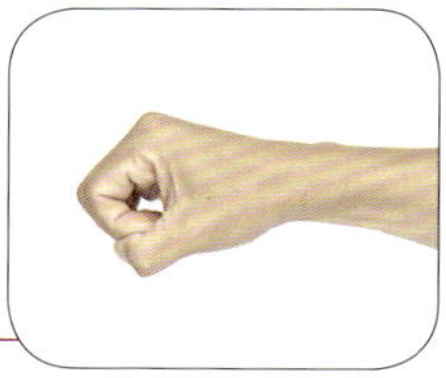

重点

右手在胸前轻握拳，拳眼呈空圆，不宜紧握。拉伸即可。

吸气

8 张弓向左射箭

左掌往外翻，向身体左侧拉开，头、颈顺势向左；右手臂以拉弓姿势往右侧拉开，双臂保持与肩同高。

吐气

9 上身转正

右手臂往后拉，使上身、左手平移回正，头、颈随之朝前，同时缓缓吐气。

屏气

10 右弓左拳

换右手架弓指朝上、掌心朝胸；左手在前轻握拳，左臂抬至肩高。两臂交叉呈十字形，保持屏气。

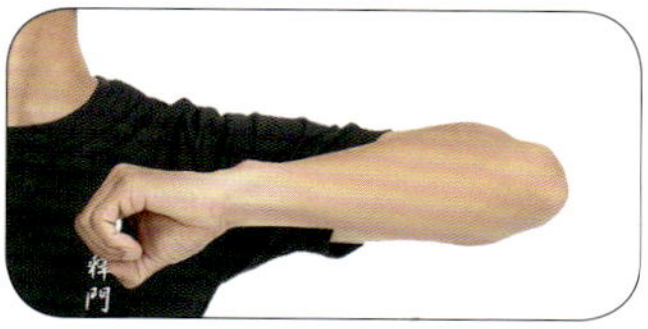

重点

左手在胸前轻握拳，拳眼呈空圆，不宜紧握。

吸气

11 张弓向右射箭

右掌往外翻，向身体右侧拉开，头、颈顺势向右；左手臂以拉弓姿势往左侧拉开，双臂保持与肩同高。

吐气

12 上身转正

左手臂往后拉，使上身、右手平移回正，头、颈随之朝前，同时缓缓吐气，保留三分气做收功之用。

吐气

13 收腿平臂

慢慢吐气，双手收回胸前，手臂与地面平行，掌心翻朝下。马步收回，右脚站立并拢。

〔教练说〕

左右开弓似射雕
手张弓、腿蹲马，活肺健胸！

“左右开弓似射雕”看似以马步为形的动作，实际还可充分伸展上身，包含两手臂、核心胸肌和免疫胸腺，并牵引手臂内、外侧的肺经、大肠经。这个动作易上手又会很有成就感。

手太阴肺经：从大拇指上行手臂前面外侧，联系肺脏；手阳明大肠经：从食指前端，沿手臂后面外侧上行到上背、脖侧到鼻子，气入脏腑，归注大肠。大肠和肺脏互为表里，如鼻子、气管过敏者，此二经手臂上常有气结硬块，平时可常自我检查。

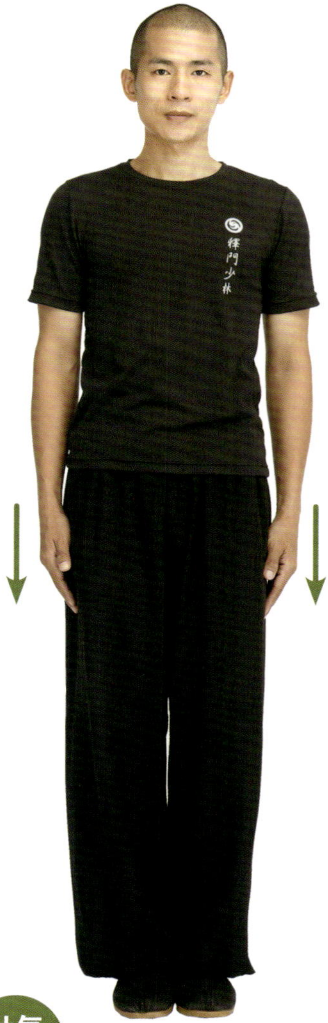

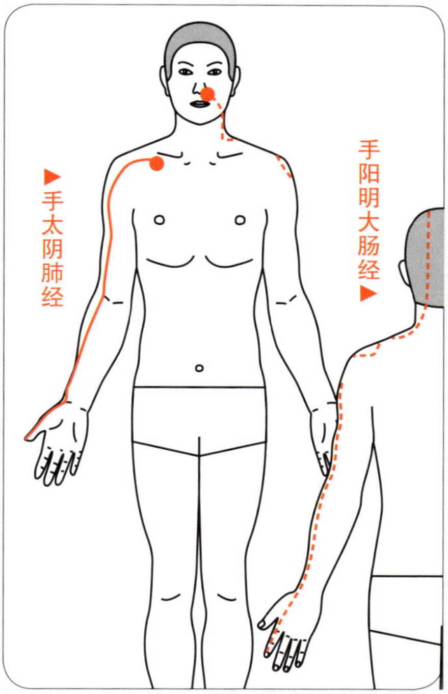

吐气收功

14 吐气收功

双手沿身体前侧下移回大腿两侧，同时把气吐完。数次吐纳调息，平稳身心收功。

第3段

调理脾胃单举手

每日保健
5次/回

每日强肌
或缓解不适
12次或
早晚各1回

动作视频扫描码

锻炼肌群 臂肌 → 核心胸腹

针对：消化不良 · 胸闷背痛 · 胃凸肚胖

“调理脾胃单举手”动作看似简单，其实很有功效。借由一手托天，一手下按，将气力通达到双手指端。要诀在两掌根要保持挺掌，专注于拉伸胸腹部位。初练者，只要自然呼吸；熟练后，用力拉伸时，可配合吸气，最用力时暂时屏气，让筋骨伸展片刻；放松时吐气、收功，会感受到肩、胸、腹都很放松。

胸闷、肩硬、消化不良、失眠、迟钝者，尤其要多练此招，能放松肩、胸，拉开中焦经脉，直接按摩足阳明胃经、足太阴脾经，调理好脾胃，改善免疫和消化功能；还能运动到肩背肌、横膈肌、腹肌，促进内脏脂肪代谢，摆脱肚腩困扰！

STEP

气沉丹田

1 立式预备

延续上一段收腿姿势，或单练此招，先站挺，但肩膀放松，双手自然垂放于两腿侧，双眼平视前方，保持呼吸平缓。

吸气

2 掌心向上提气

双脚打开与肩同宽，双手掌心上移，随之慢慢吸气至三分满，头身保持挺直。

吸气

3 翻掌右上左下

持续吸气，右手继续上移，右掌先翻朝前，再翻朝上托天；同时，左手翻掌向下，下移到腰部侧边。

4 右掌托天，左掌按地

右手上移到头顶百会穴上方，掌心托天；左掌下移到腿侧，掌心向下做势压地，以两手对应力拉开体腔；吸气到极致时暂时屏气，伸展胸腹筋脉。

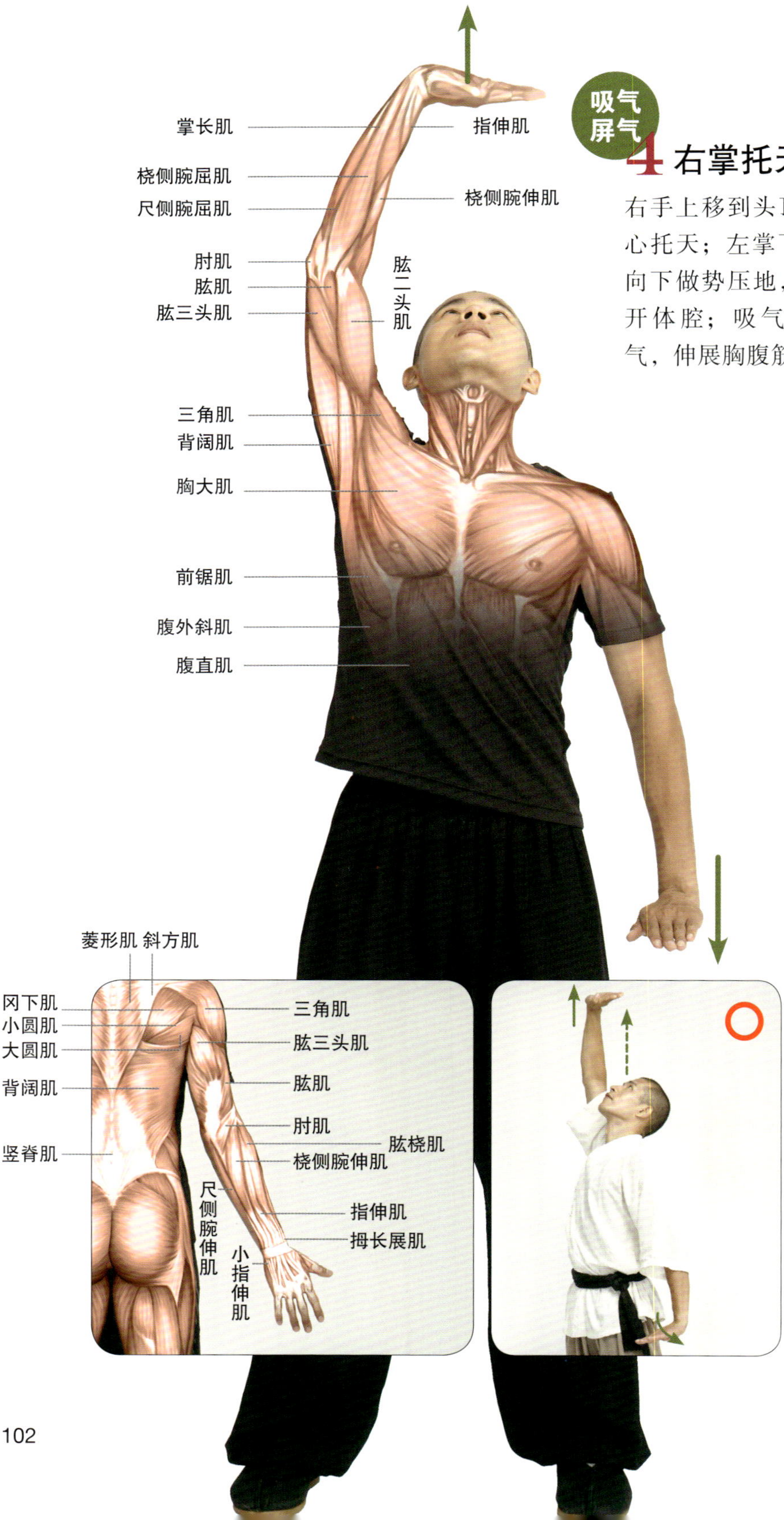

重点

头眼随上手移动，两掌根都保持施力挺掌，上手为横，拉长胸肌；下手掌根后拉，拉伸腹肌。双肘自然略弯，拉开体腔。

吐气

5 移到腹前抱球

两掌以画圆方式翻掌，使右掌朝下、左掌朝上，移到腹前右上左下，呈抱小球状。

屏气

6 转球换手左上右下

想象双掌转动这颗圆球，转成左手在上、右手在下，两掌心保持应力相对。

吸气

7 翻掌左上右下

慢慢吸气，换左手上移，左掌先翻朝前，再翻朝上托天；同时，右手翻掌向下，下移到身侧。

吸气
屏气

8 左掌托天，右掌按地

换成左手上移到头顶百会穴上方，掌心托天；右掌下移到腿侧，掌心向下做势压地，以两手对应力拉开体腔；吸气到极致时暂时屏气，伸展胸腹筋脉。

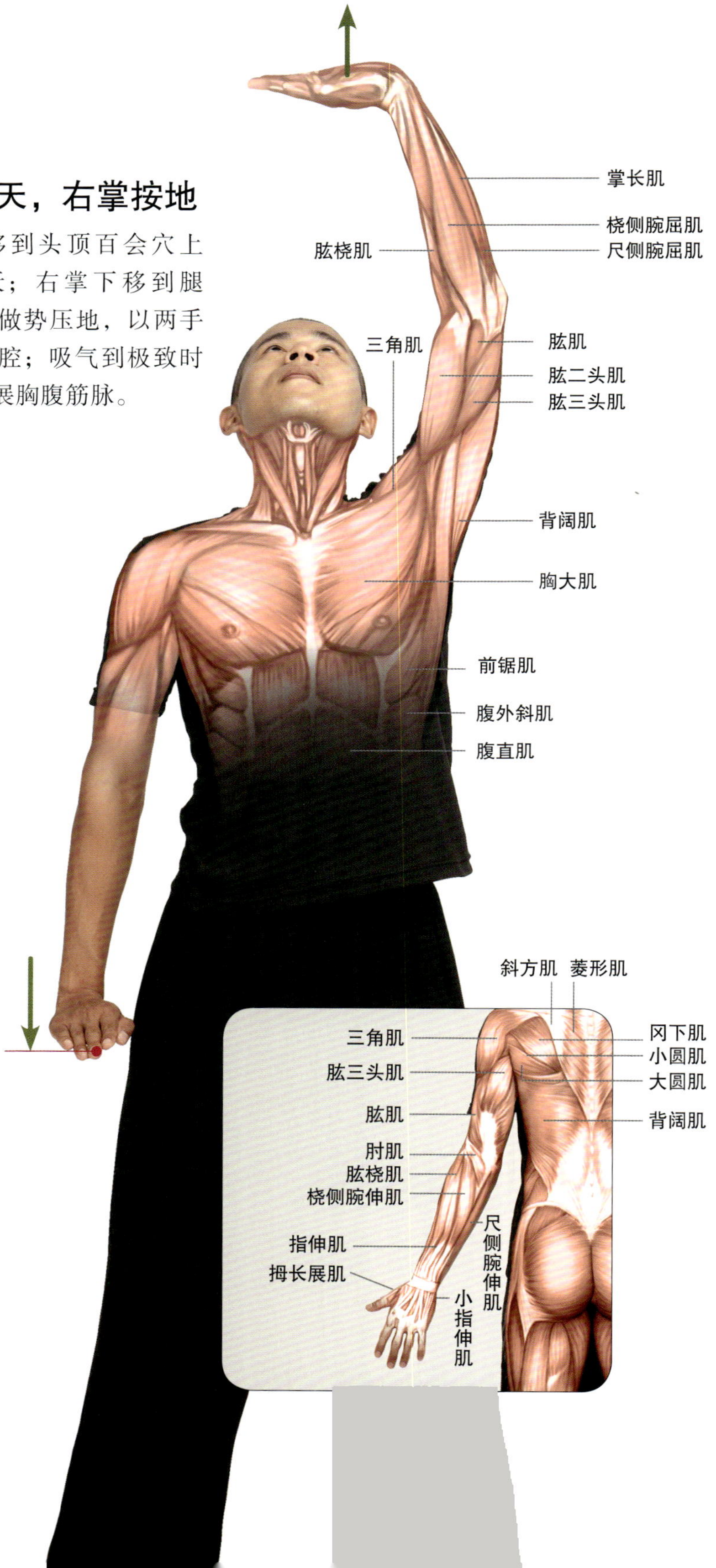

重点

跟另一只手步骤一样，头眼随上方的手移动，两掌根都保持施力挺掌。上方手掌为横向，拉长胸肌；下方手掌根后拉，拉伸腹肌。双肘自然略弯，拉开体腔。

［教练说］

调理脾胃单举手
挺掌上托下按，改善中焦，提升免疫力

所谓“经脉所过，主治所及”。尤其循经中焦消化系统的足阳明胃经，此经络从鼻侧下行经身体核心到脚趾，涉及脸、颈、胸、心、肺、肝、胃、肠、下肢，包含左右身躯各45个穴位对，对健康影响非常之大。

而“调理脾胃单举手”主要针对胃经、脾经及身材健美的关键部位——腹肌。足太阴脾经则起于大脚趾，上沿腿内侧进入腹腔，关联脾脏，上至心经，主控人体消化、免疫功能，保养功夫不可马虎。

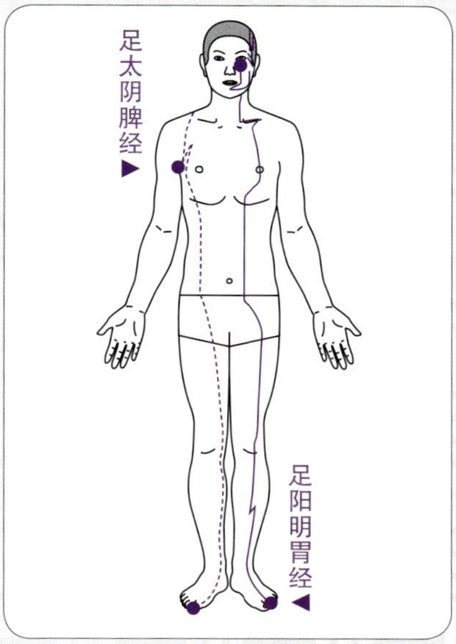

吐气

9 左手下划侧伸

慢慢吐气，左手掌顺势往左侧下移，双掌根保持用力，头眼随左手移动。

吐气收功

10 收手回正收功

左手持续下划到腿侧放松，右掌同时松力垂放，头眼回正，数次调息后收腿。

第4段

摇头摆尾去心火

每日保健
3次/回

每日强肌
或缓解不适
8次或
早晚各1回

锻炼肌群 臀胯肌群 → 腿肌前后侧 → 核心肌群 → 肩颈背

针对：神经官能症·腰肾虚

“摇头摆尾去心火”的动作要领为：头身先前弯，脊椎再侧弯向斜上方，双腿顺势从马步变弓箭步。切记动作要和缓，可舒畅任督二脉，并稳健中轴肌群，瘦肚减脂。前弯时头颈部尽量弯到比心脏位置稍低处（高血压、心脏病、易头晕者不宜低头，或立式转身即可），促使血液回流心脏，活络血脉。

心脏是身体的核心，此动作以心气、心血推动全身能量循环。心在五行属火，主掌血脉旺弱，在五志谓“心藏神”，主掌神志，心火旺则易发生心悸、口干、焦躁失眠、自主神经失调、胃痛、小便黄。心火与肾水应互为调节，才不生妇科病、男科疾、腰酸肾虚。“摇头”可刺激六条阳经的交会点大椎穴，清心安神健脑；“摆尾”活动脊椎腰肌，滋养肾水、强肾固腰，使其与心火相济，提振全身心神。

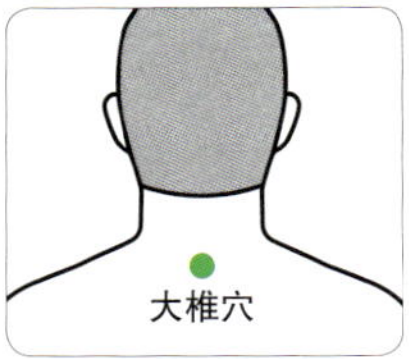

STEP

气沉丹田

1 立式预备

站挺，但肩膀放松，双手自然垂放于两腿侧，双眼平视前方，保持呼吸平缓。

吸气五分

2 掌心向上提气

双脚打开与肩同宽，双手掌心上移，随之慢慢吸气至五分满，头身保持挺直。

动作视频扫描码

屏气 喝气

3 震右脚，手画大圆

屏气稳定，震右脚、喝气，双手掌背轻拍大腿，顺势向外侧朝上画大圆。

喝气

4 右脚跨蹲马步

右脚向右跨马步，两手划回前方，放在膝盖上，手肘架起成90度，头正视平，同时张口喝气。

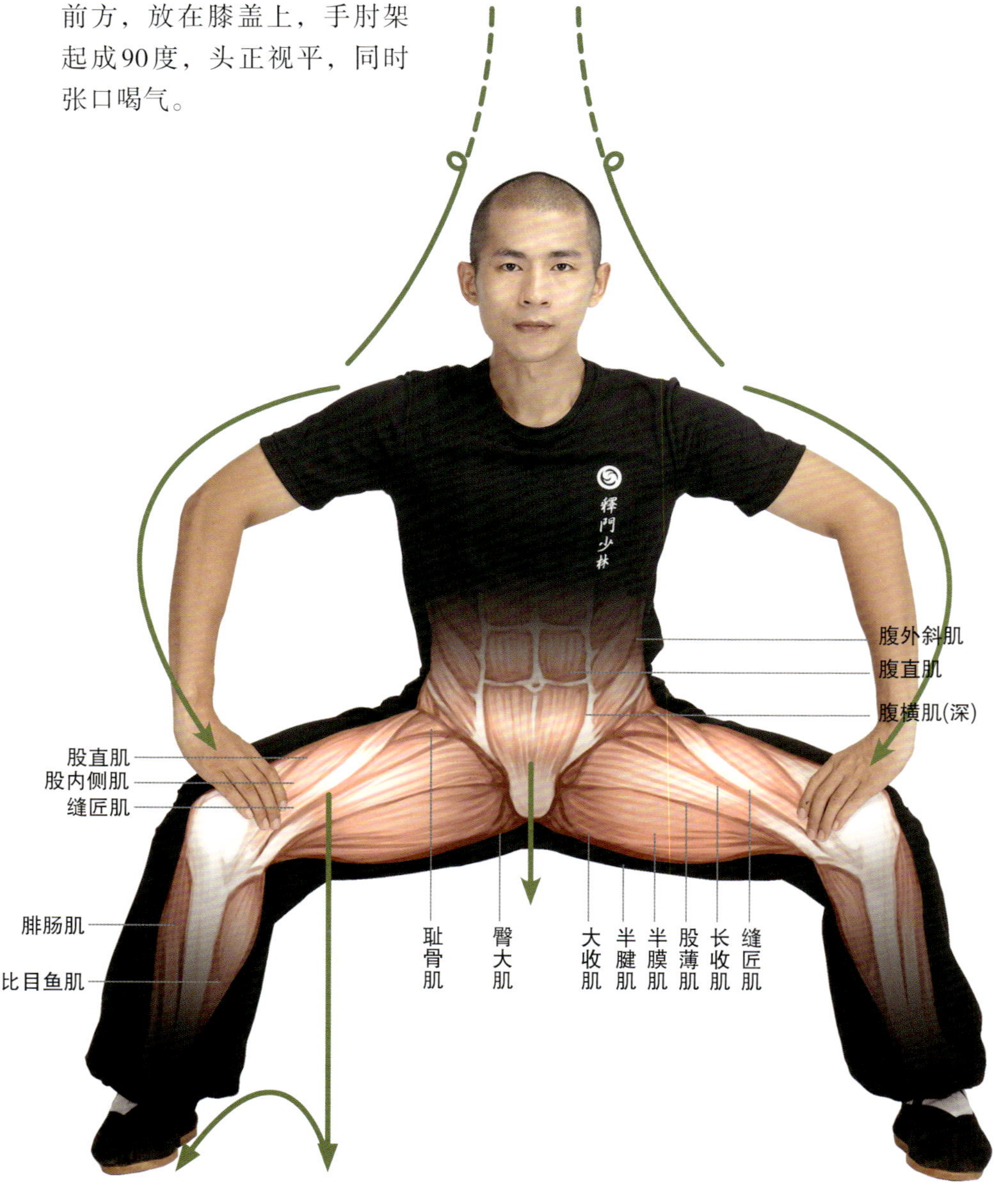

吸气
吐气

5 压身向右转

上身和头颈成直线，勿弯头，向前倾压，使头颈低于心脏，慢慢往右侧转动。

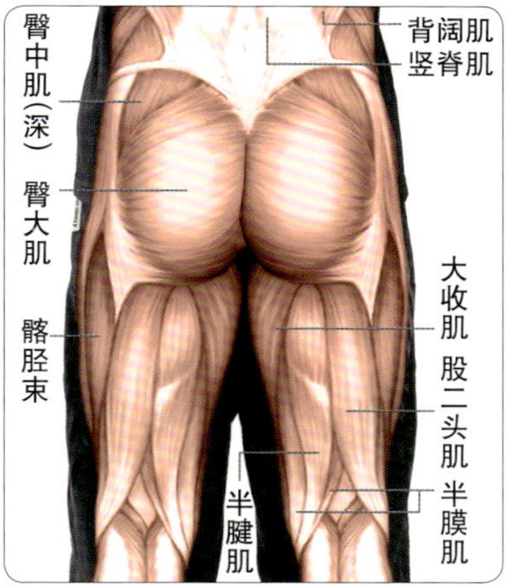

重点

头身也打直压低，勿弯头，摇头时想象如神龙钻洞般滑顺。有高血压、心脏病、易头晕者，头勿压太低。

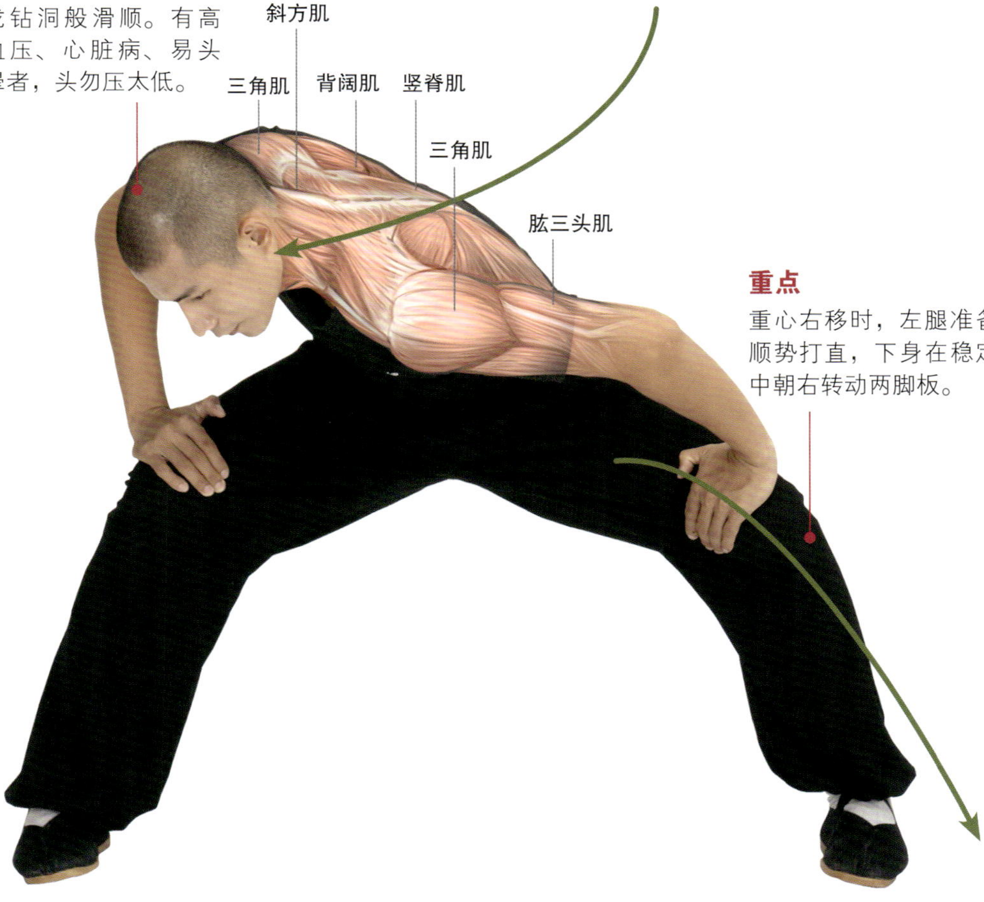

重点

重心右移时，左腿准备顺势打直，下身在稳定中朝右转动两脚板。

吸气
屏气

6 侧身呈右弓箭步

上身朝右呈弓箭步，背挺直；右手放在膝盖上，左手放在髋骨；吸足气时片刻屏气，感受筋骨伸展。

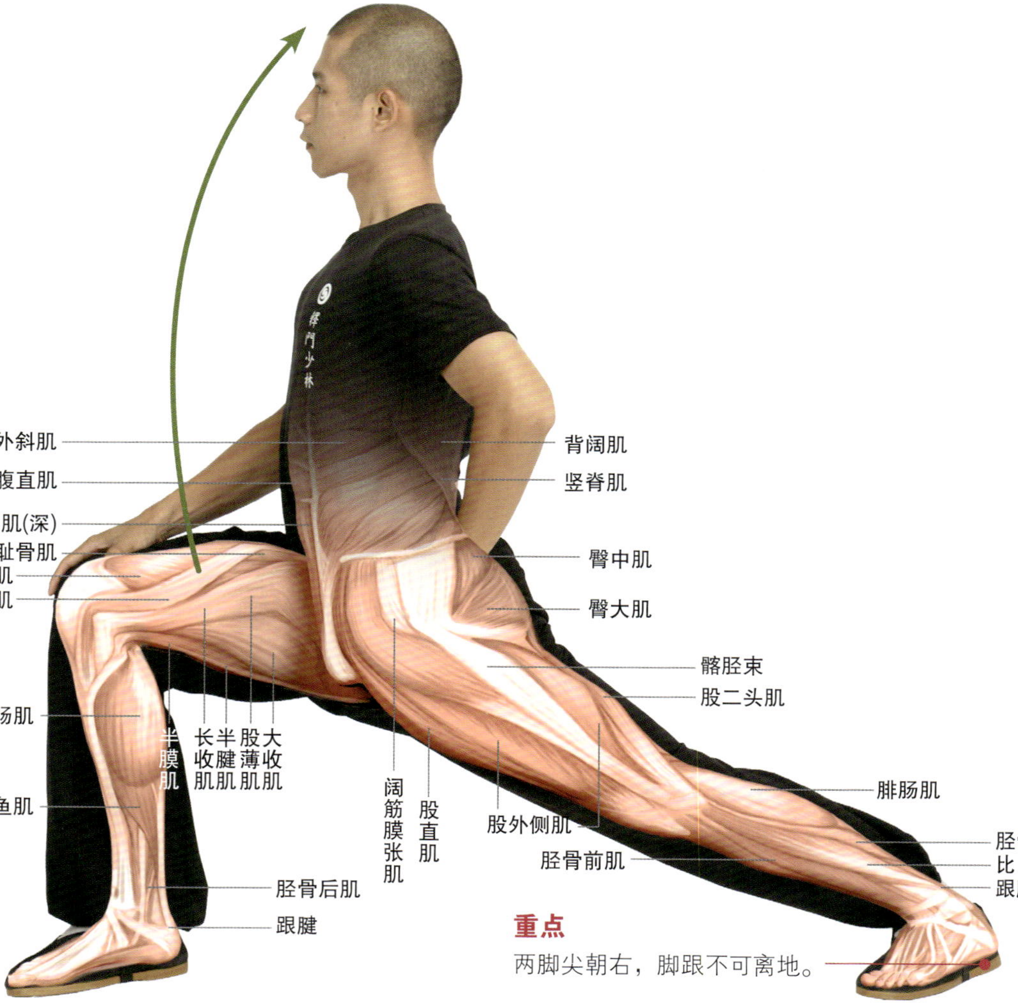

重点

两脚尖朝右，脚跟不可离地。

吐气

7 低身转中转左

慢慢吐气，身体前倾，压低上身到中间，换往左侧转动。

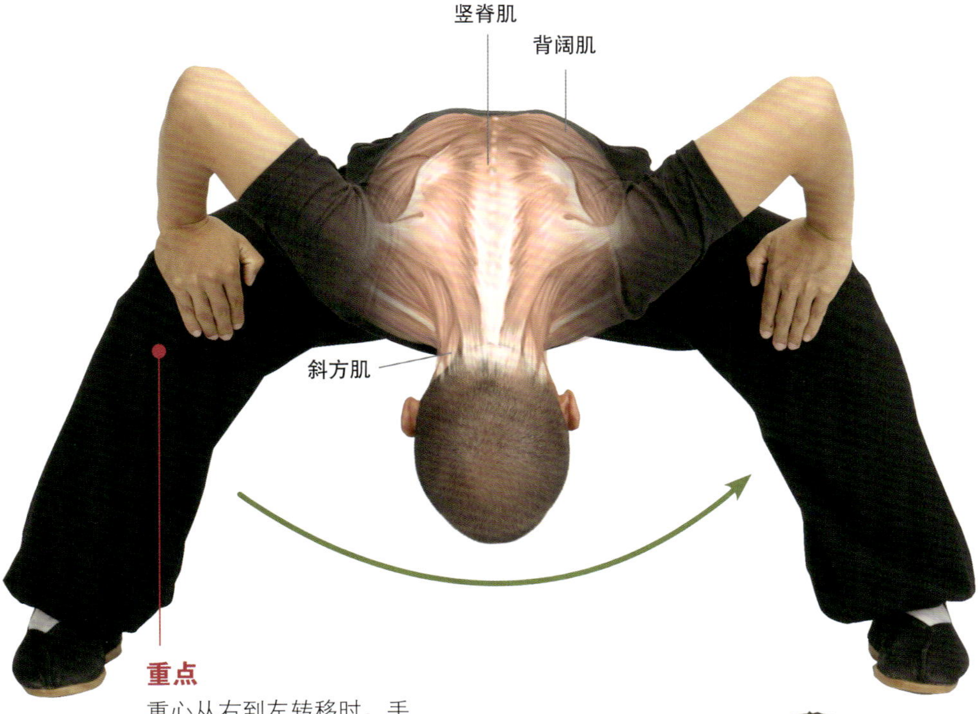

重点

重心从右到左转移时，手可放在膝盖上维持稳定。

吸气
屏气

8 侧身呈左弓箭步

上身朝左，呈弓箭步，背挺直；左手放在膝盖上，右手放在髋骨上；吸足气时片刻屏气，感受筋骨伸展。左右摆尾各做2次。

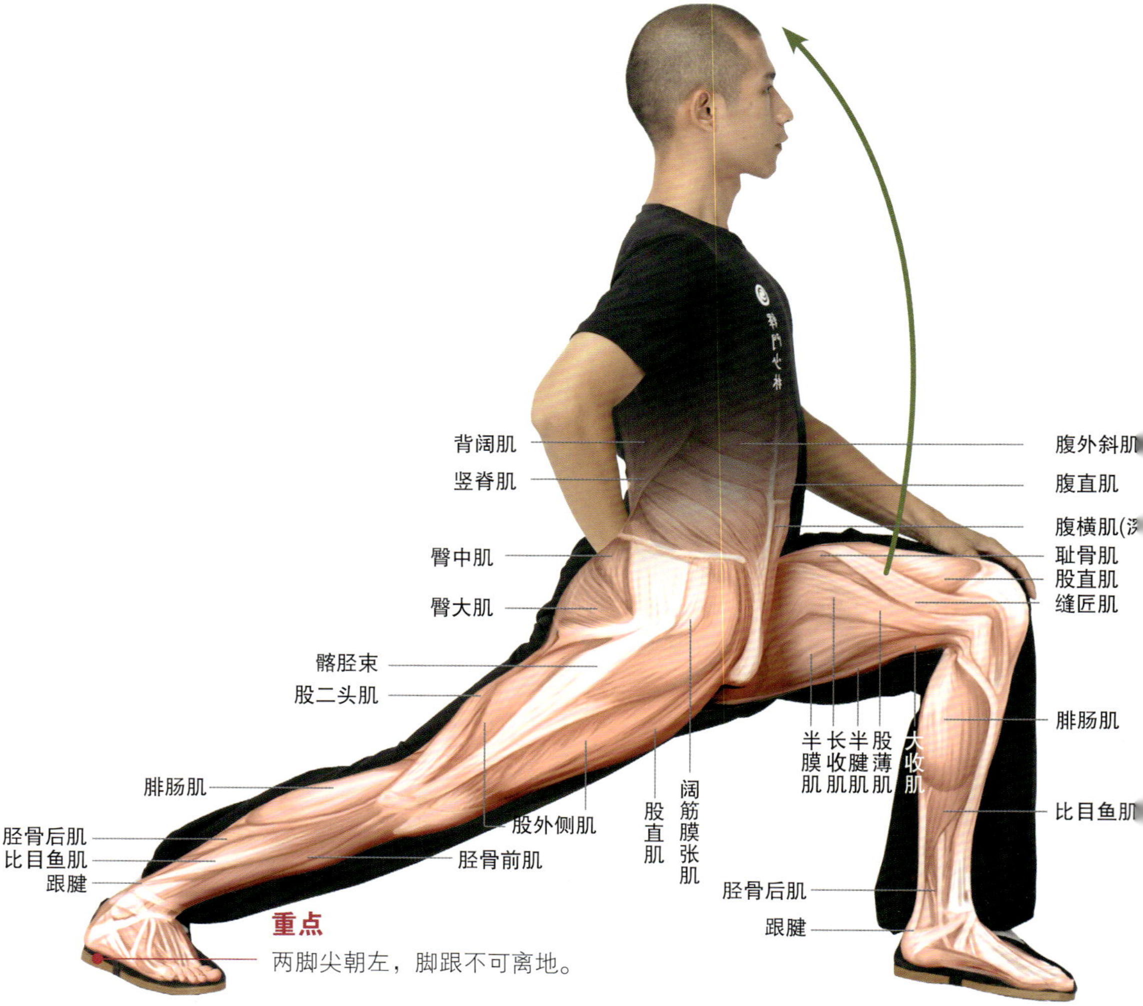

重点

两脚尖朝左，脚跟不可离地。

吐气

9 左右反复后回中

按步骤5～8左右各练习2次后，俯身回正。

吸气

10 起身正马步

慢慢吸气，上身挺起扎稳马步，腰背挺直，正头平视。

屏气

11 站起张臂画大圆

慢慢站起，双手从身前交叉，再张开手臂往后上两侧画大圆，让体腔打开吸气。

屏气

12 上手抱小圆

双手上划过头顶呈抱小圆状，掌心朝下，眼随手动，收右脚并拢。

〔教练说〕

摇头摆尾去心火
调心火肾水，男女皆宜

这动作简述为“马步压身摆脊”，对心经、肾经起按摩作用。手少阴心经起于心脏，从腋窝横入手臂内缘，往下到小指端，与手背的手太阳小肠经相接（分支从心脏往下穿过横膈肌，连接小肠），主治心神病症。

足少阴肾经从脚小趾下方，斜走足心涌泉穴，进入内踝，沿腿内侧上行，联络膀胱，归注肾脏，主治肾疾、泌尿系统疾病、妇科与男科病症等。心火与肾水相济，身心才得以和谐。

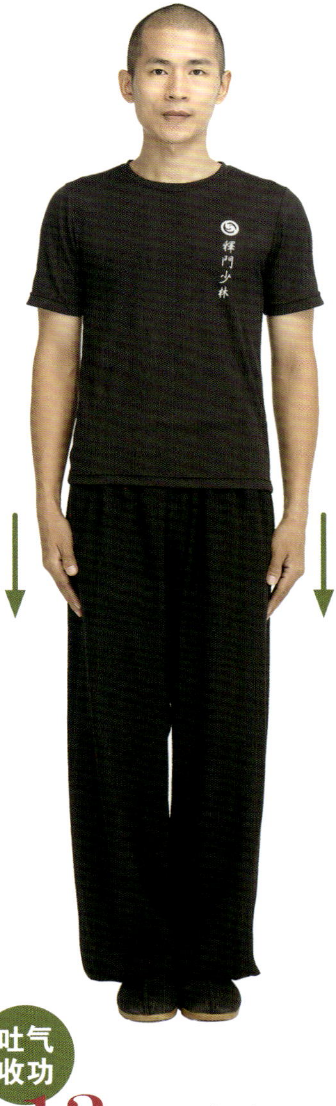

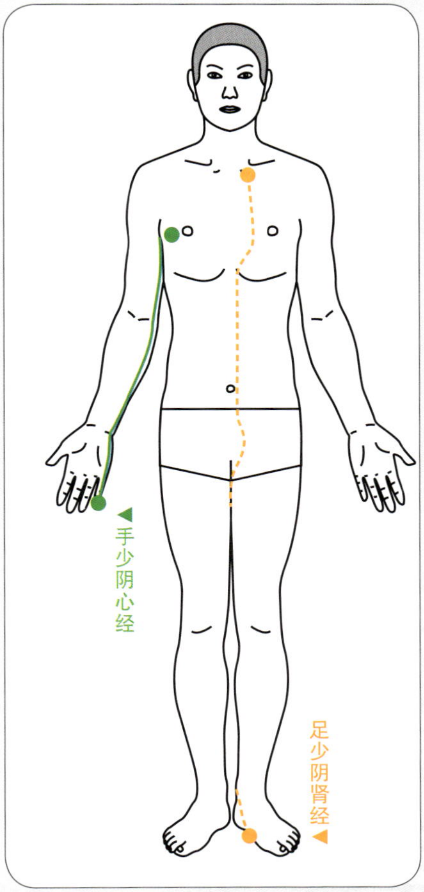

吐气收功

13 下移收功

双手沿身体前侧下移回大腿两侧，同时把气吐完。数次吐纳调息，平稳身心，收功。

第5段

五劳七伤往后瞧

每日保健
5次/回

每日强肌
或缓解不适
12次或
早晚各1回

动作视频扫描码

锻炼肌群 头颈→胸肩腹

针对：循环系统·头颈经脉·代谢系统

五劳七伤整体指身心作息不当，使身体前后的经脉阻滞（任督、胃经、膀胱经等）、筋骨失调，造成疲劳早衰、反应迟钝、代谢症等慢性病。

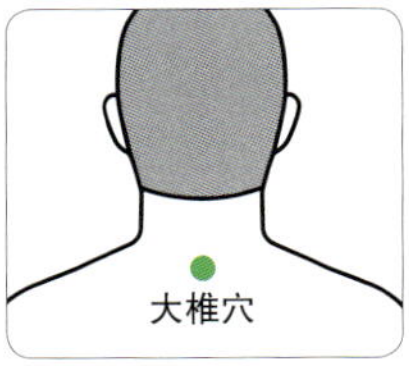

而人体有一个专治慢性病症的健康开关——位于后颈部的脉钥大椎穴。大椎穴汇结七大要脉（督脉与手足三阳脉），只要头后转就能松颈促进血氧循环、调理诸症，立即缓解脑压高与眼压高、骨刺、肌肉紧张，长期锻炼可提升自愈力。

切记往后瞧时，不可低头，这样经脉筋骨的伸展才安全有效。建议脖子后转时吸气，转至极限时暂时屏气，感受脊椎达到整体扭转，转回时呼气放松，在紧松之间改善循环系统、衰劳虚寒、颈肩疼痛。

STEP

气沉丹田

1 立式预备

延续上一段收腿姿势，或单练此招，先站挺，但肩膀放松，双手自然垂放于两腿侧，双眼平视前方，保持呼吸平缓。

吸气三分

2 双手前叉提气

左脚左开与肩同宽，双手掌心朝下，左上右下于丹田前交叉。

吐气

3 双手绕到腰后

双手向外画大圆绕到腰后平贴，双掌交叠、掌心朝外，同时慢慢吐气。

吸气
屏气

4 上身向左后转

慢慢吸气，腰背挺直，上身往左后转到极限，眼随身动，停留片刻伸展脊柱。

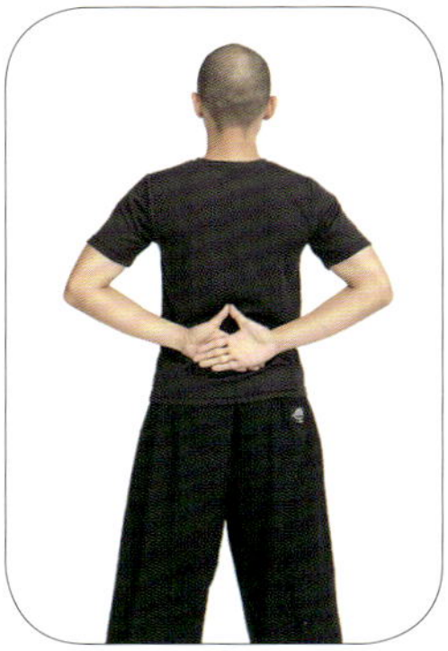

重点

双手贴后腰，右掌在上，左掌在下，双手四指相叠，大拇指相触。

吐气

5 回正调息

慢慢吐气，转回正前方，可稍吐纳调息再换右转。

吸气
屏气

6 上身向右后转

慢慢吸气，腰背挺直，上身往右后转到极限，眼随身动，停留片刻伸展脊柱。

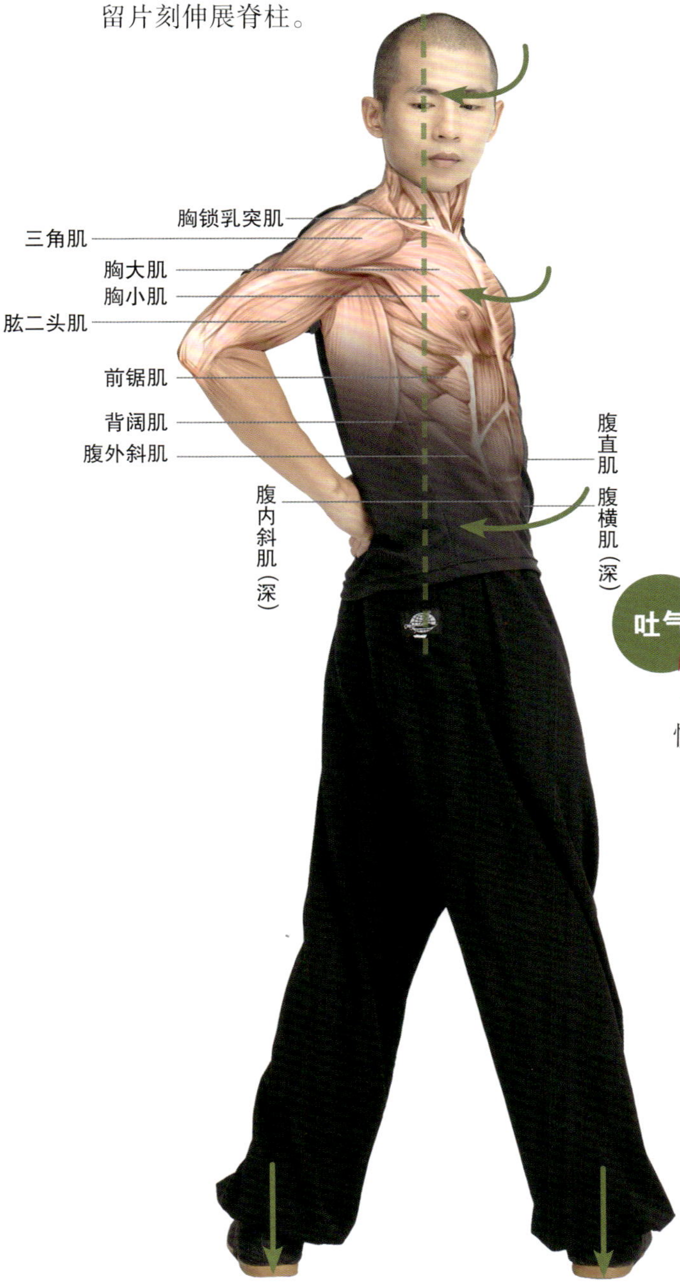

重点

后转时勿低头、勿耸肩；头、肩膀、腰齐转，两脚跟不离地。

吐气

7 回正调息

慢慢吐气，转回正前方。

提气

8 向上画圆伸展

双手解开，掌心朝上，随吸气由左右两侧往头上画大圆；到头顶时掌心翻下，眼随手动。

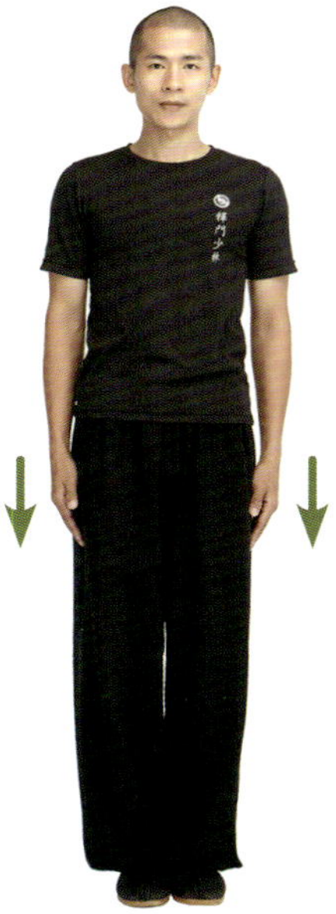

吐气收功

9 下移收功

慢慢吐气，双掌顺身体前面下移，放回大腿两侧，调息数次平静收功。

［教练说］

五劳七伤往后瞧
摆脱代谢问题、慢性病，预防失智

古籍医典中，“五劳”指：久视伤血、久卧伤气、久坐伤肉、久立伤骨、久行伤筋。“七伤”指：大饱伤脾，大怒气逆伤肝，强力举重、久坐湿地伤肾，形寒、寒饮伤肺，忧愁思虑伤心，风雨寒暑伤形，大恐不节伤志。就现代医学概念称，“五劳七伤”涵指慢性病、大脑迟钝、亚健康状态。

人体颈后的大椎穴又称“百劳穴”，正是改善慢性酸痛病症的总开关。它位于督脉第七颈椎下，是手三条阳经、足三条阳经、督脉七大脉的交会点。而“五劳七伤往后瞧”用最简单的动作，就地随时可做——头颈脊椎往后转，直接活络大椎穴，治酸解痛，同时练到各种运动所需的核心肌群，女性还可练出梦寐以求的侧腰S曲线！

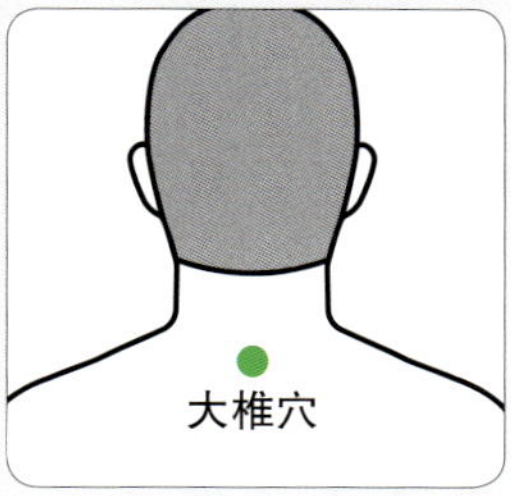

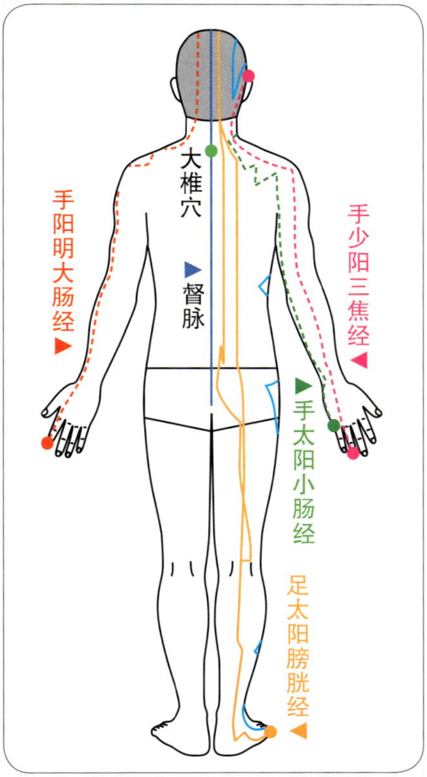

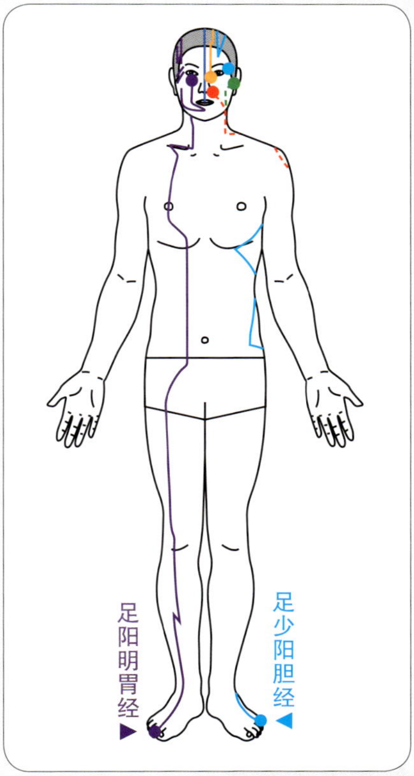

第6段

双手攀足护肾腰

每日保健
3次/回

每日强肌
或缓解不适
10次或
早晚各1回

动作视频扫描码

锻炼肌群 全身前面 颈→胸腹→腿肌
全身后面 颈→背腰→臀腿

针对：泌尿生殖系统·内脏·腰椎

“双手攀足护肾腰”动作要领是手扶腰后仰，前弯抓脚踝，要正确搭配上身和双腿动作才能有效伸展，又不会伤到腰椎。首先，上身后仰，双膝略弯，让全身正面达到最大程度的伸展，同时强化腰腿膝耐力；然后，慢慢起身再向前弯下、双手抓紧脚踝，膝盖要打直，让脊椎、督脉、膀胱经、后腿肌完全拉开。

下弯和起身时，想象像卷轮一样，一节一节慢慢卷动颈椎、胸椎、腰椎、骶骨、尾骨，感受脊椎的弯直变化和通脉畅气的快感。此段练习能同时活络脊椎、督脉、膀胱经，尤其腰椎肾脏区的命门穴、肾俞穴、腰阳关穴，强化肾脏功能，预防生殖泌尿病症；对椎间盘突出、内脏型肥胖、2型糖尿病、肾病、前列腺病等也有改善效果。

STEP

调息预备

1 立式预备

延续上一段收腿姿势，或单练此招，先站挺，但肩膀放松，双手自然垂放于两腿侧，双眼平视前方，保持呼吸平缓。

吸气
五分

2 运掌吸气

吸气五分，左脚左开，双手左上右下，掌心先朝上，在丹田前交叉翻掌，变掌心朝下，向外画圆移到背后扶腰。

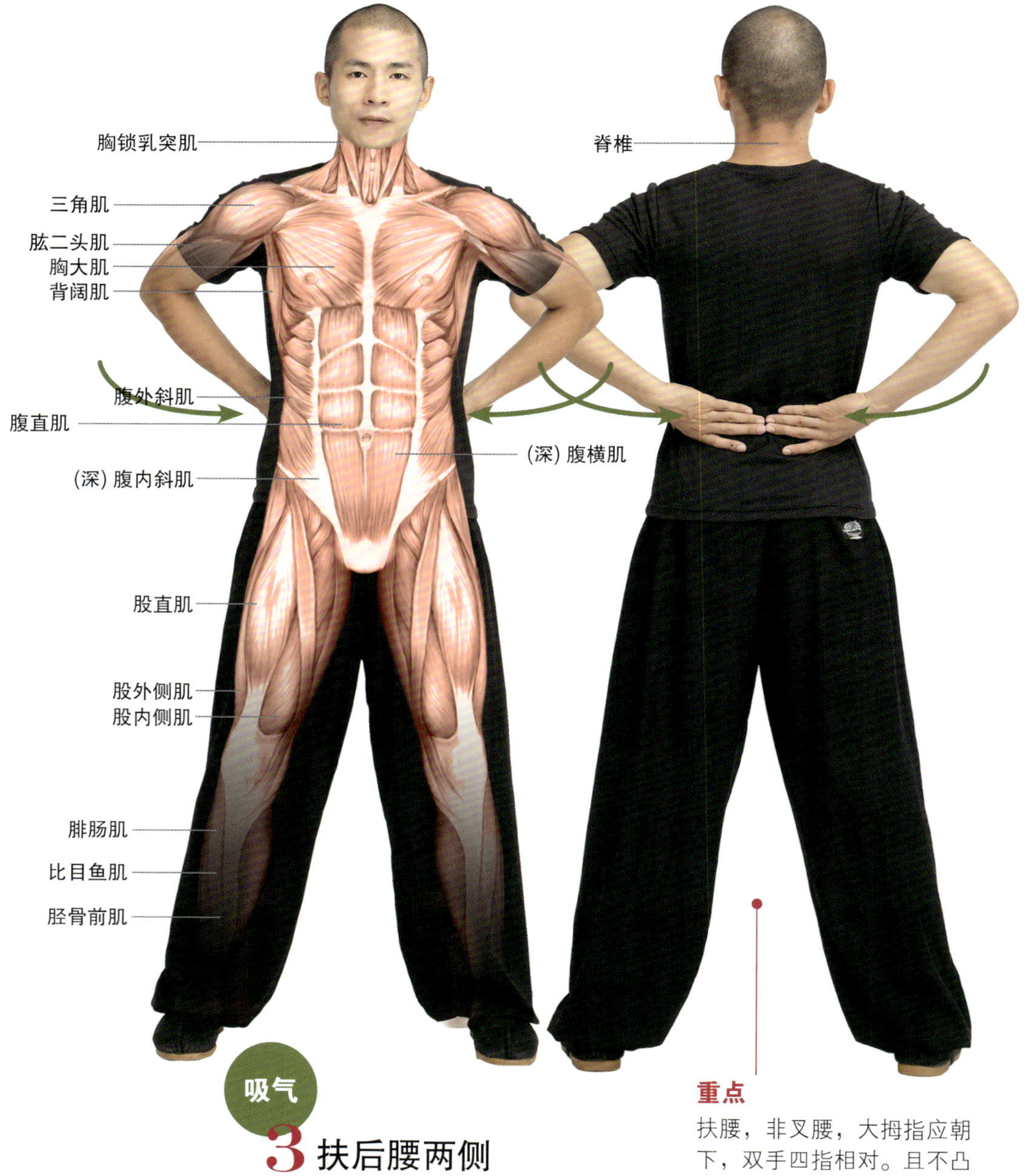

吸气

3 扶后腰两侧

双手掌心轻扶后腰两侧，头正视平，上身挺立，下身持稳。

重点

扶腰，非叉腰，大拇指应朝下，双手四指相对。且不凸腹、不耸肩、不驼背。

屏气

4 护腰后仰屈膝

双手护腰，身体往后仰躺，膝盖略弯曲，眼随身动。嘴巴需微张，舌尖顶腭，提肛聚力，屏气片刻感受伸展。

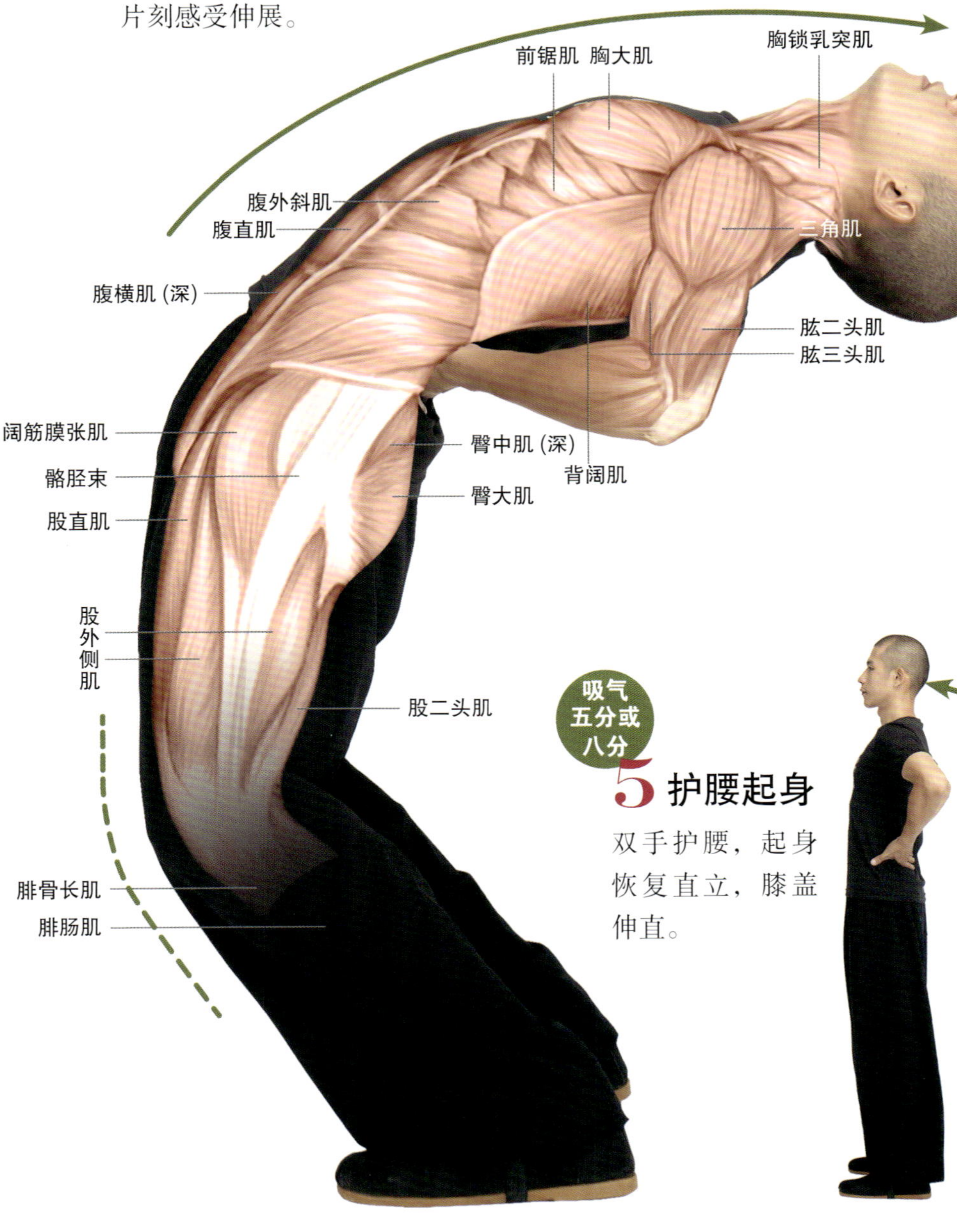

吸气五分或八分

5 护腰起身

双手护腰，起身恢复直立，膝盖伸直。

重点

随着吐气把上身贴近大腿，手握脚踝保持稳定，感觉全身背后、臀腿、后脚踝筋骨都拉到位。

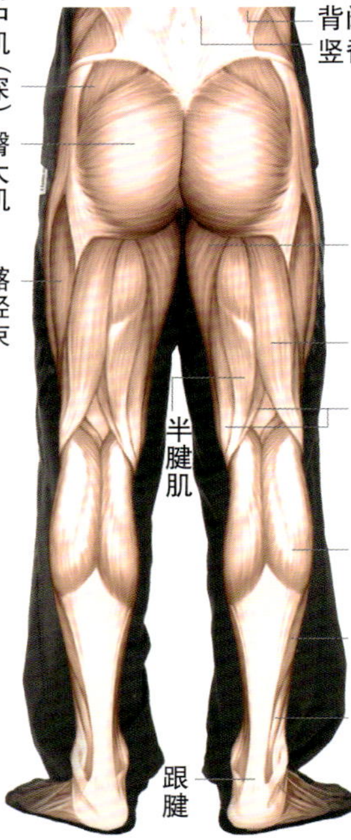

重点

膝盖不可弯曲，若手无法握到脚踝，可扶小腿肚或膝盖；若重心不稳，可拉宽双脚间距，慎防跌倒。

吐气

6 屈身直腿

上身顺脊椎一节一节往前弯，双掌沿腿侧外下移握住脚踝，把气慢慢吐尽，停留片刻让背、腰、腿伸展。

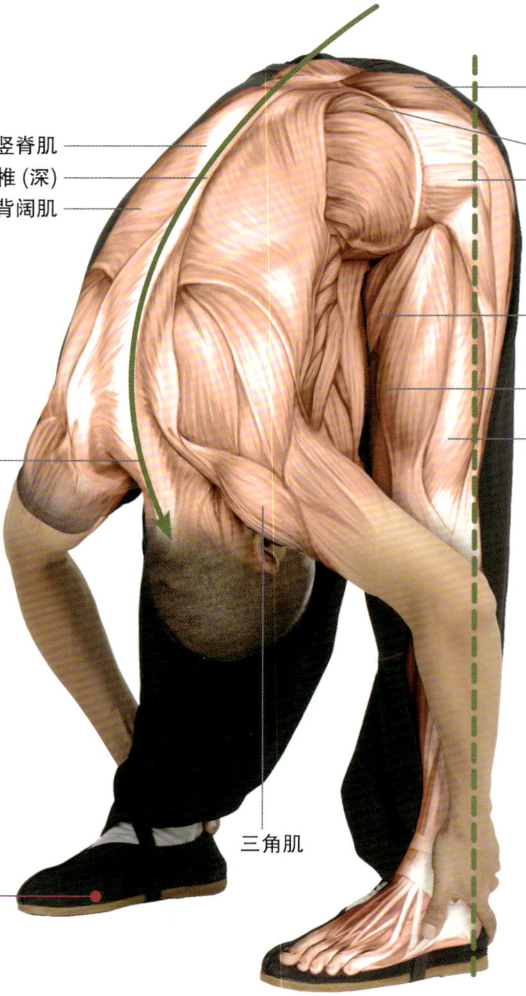

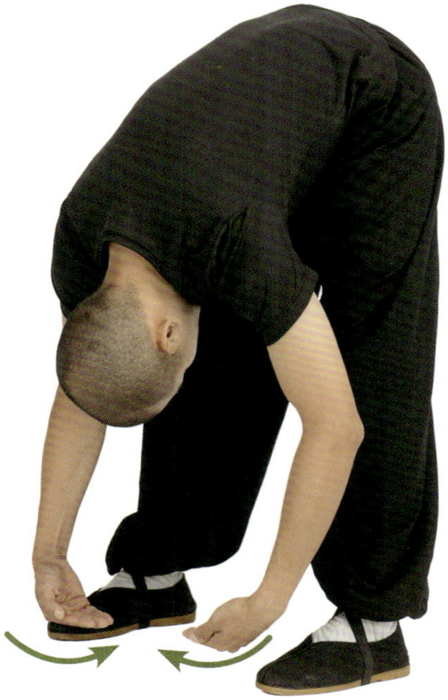

吸气

7 松手置于脚前

双掌置于脚前，手指相对，掌心朝上。

提气

8 提气起身

提掌到腹前，慢慢吸气起身，感受脊椎一节一节回复直挺。

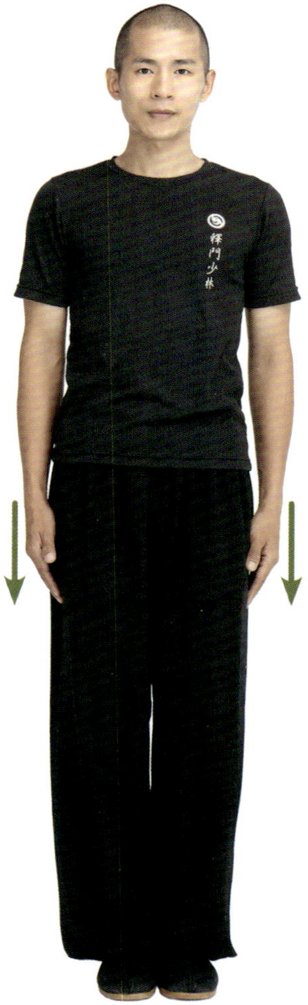

吐气收功

9 翻掌吐气

慢慢吐气，双掌翻掌朝下，顺身体前面下移，放回大腿两侧，调息数次，平静收功。

[教练说]

双手攀足护肾腰
顾肾腰，就是顾生长、生育

我们一般常做的运动，很少针对全身背面的筋肉，所以有人会弯腰驼背，背影老态龙钟，甚至腰肾虚弱！尤其身体背面的督脉、膀胱经阻滞，往往从头到脚的气血循环都变差，影响生长、生育。

足太阳膀胱经是全身最长、穴位最多、影响最广的经脉。它起于眼部睛明穴，往后脑沿督脉下行颈背、腰脊，续走腿后到脚小趾外侧，与足少阴肾经相接，互为表里，几乎关系到所有健康问题，真的每天都要多伸展才行！

在这些经脉上，也有很多保健必知的重要穴位，沿膀胱经、督脉腰椎处有命门穴、肾俞穴、腰阳关穴，是生化聚肾气、活动受力的要穴；膝关节背面深陷的委中穴，常常按动可以避免坐骨神经痛、腿弱膝痛、腰弱肾虚。

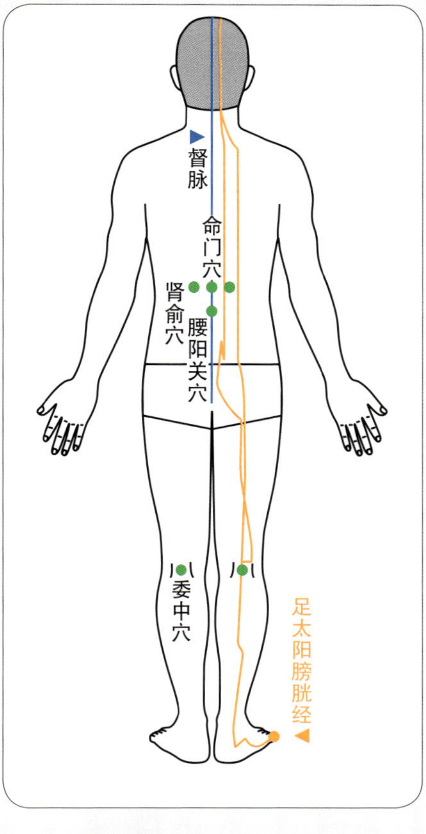

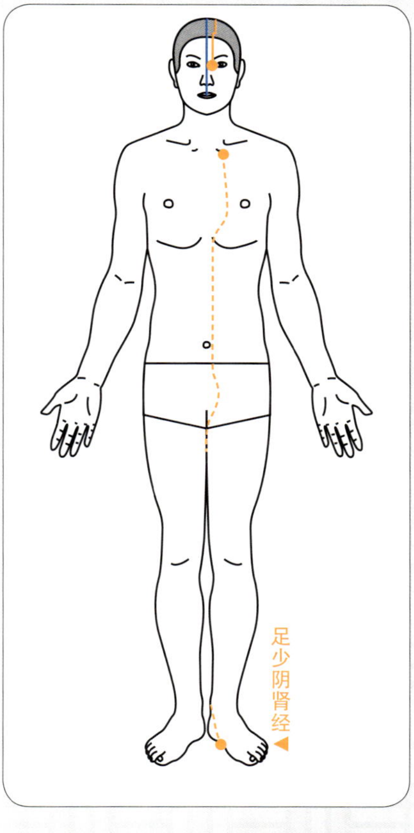

第7段

攒拳怒目增力气

每日保健
3次/回

每日强肌
或缓解不适
8次或
早晚各1回

锻炼肌群 胯臀腿→腹脊核心→胸腰侧→臂肌

针对：筋骨系统·肝脏·生殖系统

"攒拳怒目增力气"段式动作要领是下身保持马步——开胯圆裆，上身怒目、攒拳、冲拳。可养颜健脑，强腿抗老。

扎马步时，打开身腿交会的胯部，裆处呈圆拱型，让上身沉坐着，放松腰部，这样马步就不会被推拳、攒拳、冲拳的寸劲拉倒。尤其要将两膝外撑、脚趾抓地，会使马步扎得更稳。此外，怒目瞪眼可以启动大脑专注力，带动手腿肌肉、交感神经协调。

勤练马步松腰坐胯，外阴内缩，怒目聚气于丹田，用拳聚力于骨肉，能使足厥阴肝经行气畅通，滋养肝胆。肝在五行中属木，有疏泄功能，促进气血津液运行和精神意念的调节。疏通肝经更有助于提升脏器代谢能力，缓解慢性疲劳、肌弱腰痛。要防治生殖疾病，除了上一段"双手攀足护肾腰"，更要勤练"攒拳怒目增力气"。

动作视频扫描码

STEP

调息预备

1 立式预备

延续上一段收腿姿势，或单练此招，先站挺，但肩膀放松，双手自然垂放于两腿侧，双眼平视前方，保持呼吸平缓。

吸气五分

2 掌心向上提气

双手掌心向上，持续上移到腹前，慢慢吸气五分满，头颈、身体保持挺直。

闭气

3 震脚举手

提右脚“震脚”，双手顺势高举过头，举在头顶上方交叉，随即要往下置于腰间。

喝气
吐气

4 喝气蹲马步

右脚跨蹲马步，同时双手握拳顺势放于腰间，拳心向上，慢慢吐气。

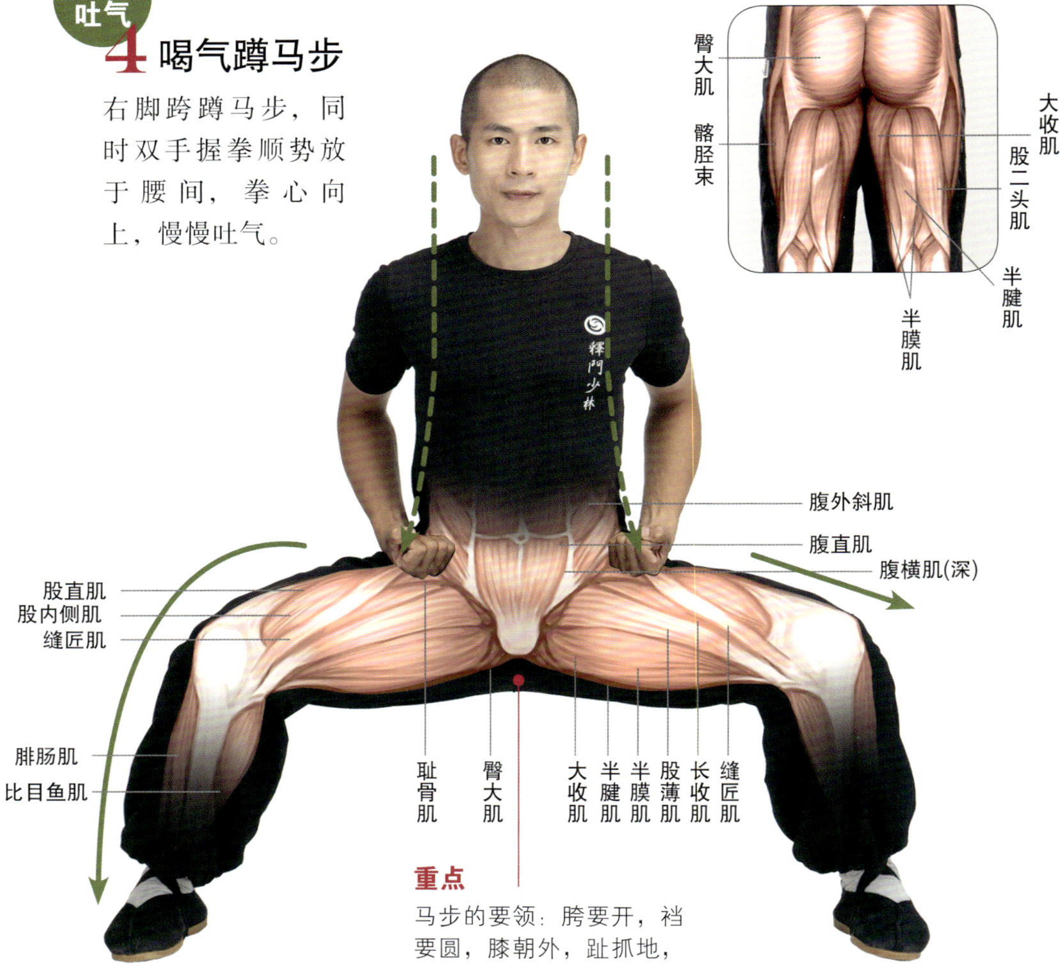

重点

马步的要领：胯要开，裆要圆，膝朝外，趾抓地，使身沉、腰松、势稳。

重点

提拳时，肩膀不可跟着上提或耸肩。

吸气

5 提右拳

慢慢吸气，右拳上提到右胸侧。

喝气

6 右拳前推，转拳、冲拳

右拳慢慢向前推出约手臂1/2长，拳心急转向下瞬间出拳，顺势张口喝气。

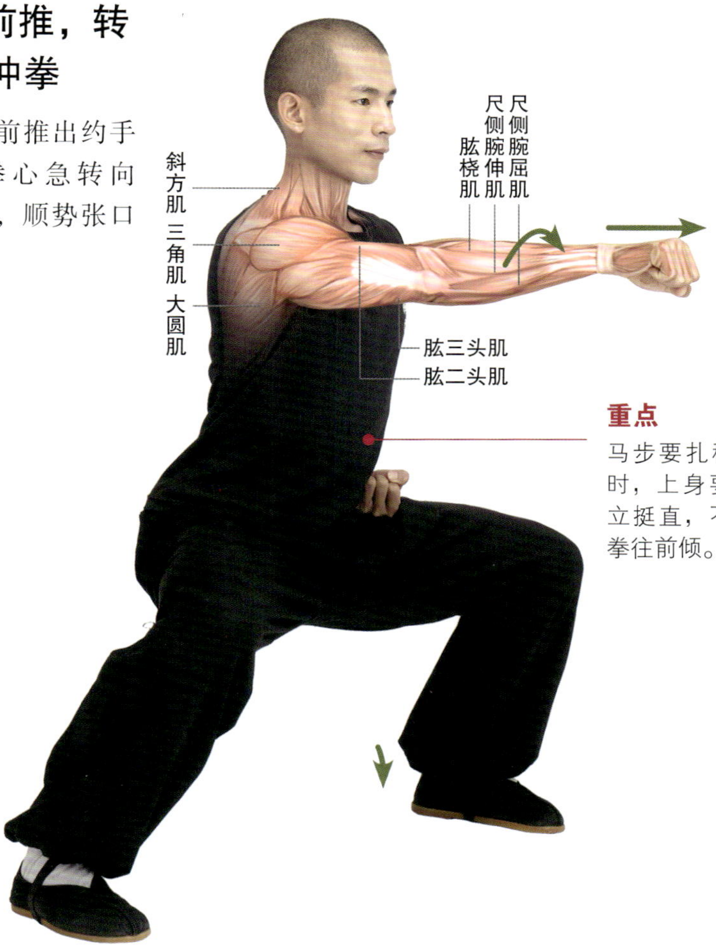

重点

马步要扎稳，出拳时，上身要保持中立挺直，不要因冲拳往前倾。

重点

冲拳的手收回时，手指张开，顺时针方向收起、握拳，使拳心转为朝上。

吸气

7 张指收拳

慢慢吸气，右掌手指张开，顺时针方向收起，转为掌心朝上，握拳收回右腰侧。同时左拳上提到左胸侧。

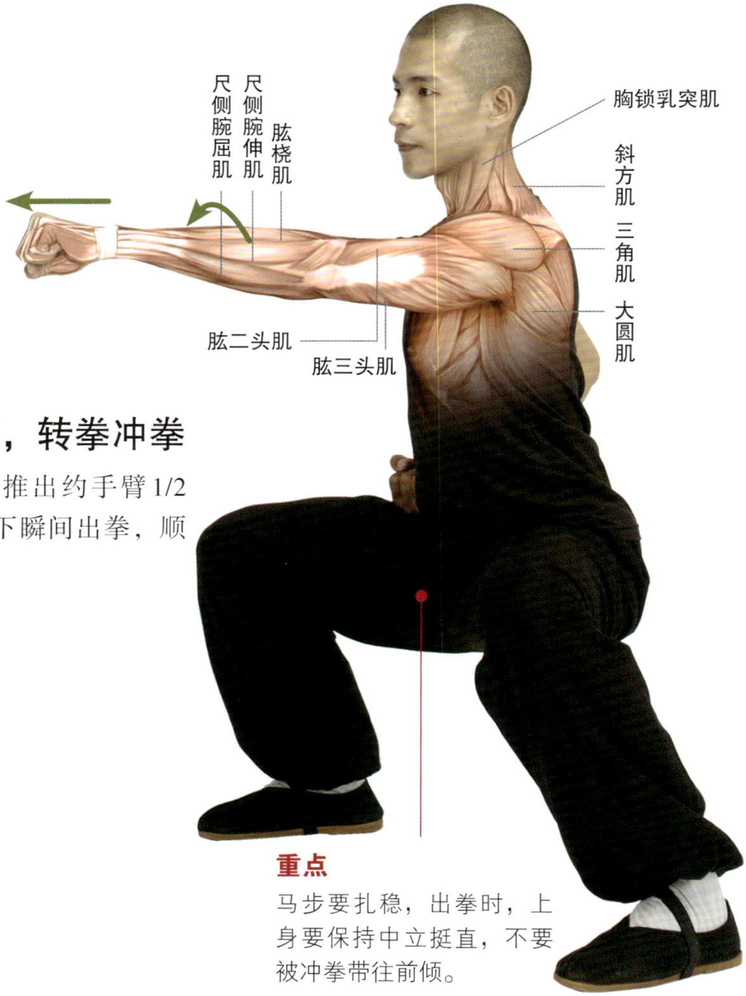

喝气

8 左拳前推，转拳冲拳

换左拳慢慢向前推出约手臂1/2长，拳心急转向下瞬间出拳，顺势张口喝气。

重点

马步要扎稳，出拳时，上身要保持中立挺直，不要被冲拳带往前倾。

吸气

9 张指收拳

慢慢吸气，左掌手指张开，逆时针方向收起，转为掌心朝上，握拳收回至左腰侧。同时右拳上提到右胸侧。

喝气

10 右拳向右侧推，转拳冲拳

右拳慢慢向右侧推出约手臂1/2长，拳心急转向下并瞬间出拳，顺势张口喝气，头、眼望手。左拳放在腰侧。

重点

马步要扎稳，出拳时，上身要保持中立挺直，不要被冲拳带歪。

吸气

11 张指收拳

慢慢吸气，右掌手指张开，顺时针方向收起，转为掌心朝上，握拳收回至右腰侧。同时左拳上提到左胸侧。

喝气

12 左拳向左侧推，转拳冲拳

左拳慢慢向左侧推出约手臂1/2长，拳心急转向下瞬间出拳，顺势张口喝气，头、眼望手。右拳放在腰侧。

重点

马步要扎稳，出拳时，上身要保持中立挺直，不要被冲拳带歪。

屏气

13 张指收拳

慢慢吸气，左掌手指张开，逆时针方向收起，转为掌心朝上，握拳收回至左腰侧。

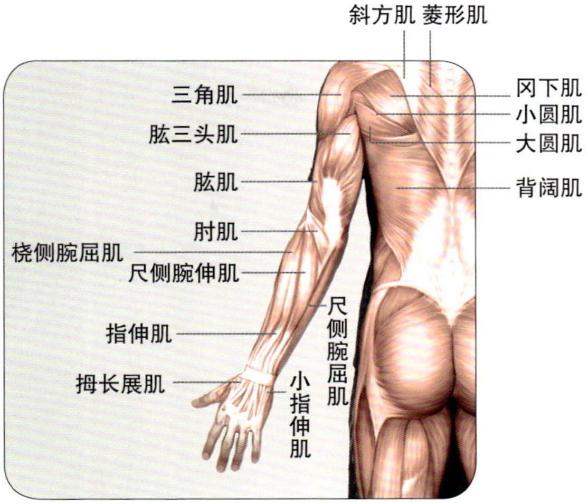

吸气

14 双拳上提

慢慢吸气，左、右拳同时上提到胸侧。

喝气

15 双推转拳冲拳

左、右拳慢慢向两侧推出约手臂1/2长，拳心急转向下并瞬间出拳，顺势张口喝气，头、眼前视。

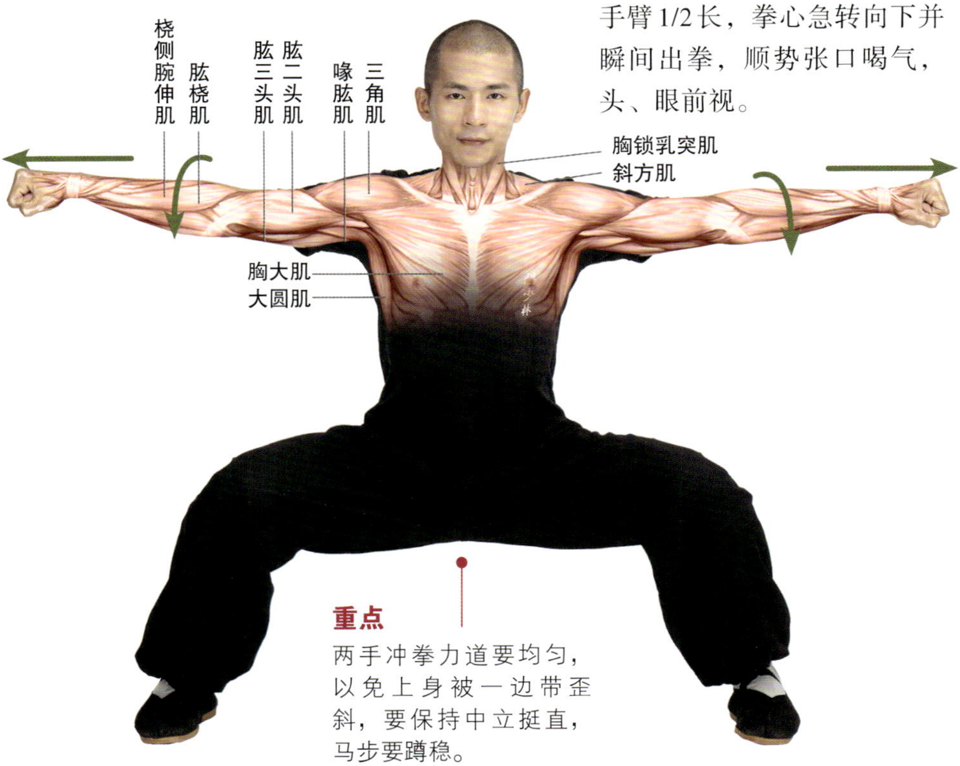

重点

两手冲拳力道要均匀，以免上身被一边带歪斜，要保持中立挺直，马步要蹲稳。

屏气

16 张指收拳

慢慢吸气，左、右掌手指张开，各向同侧腰部收起，转为掌心朝上，握拳放于腰侧。

提气

17 画大圆起身

收右脚起身，双手在身前交叉，往左右侧画大圆，在头顶上方相对，掌心朝下。

〔教练说〕

攒拳怒目增力气 强肌保肝，功效显著！

平日练功时间少的学员，又想快速强健全身筋骨，我一定推荐这招“攒拳怒目增力气”，既强健筋骨，又疏活肝经，帮助排毒！

足厥阴肝经起于脚拇指上方的大敦穴，上行小腿、大腿内侧及外阴部；绕行外阴部后，上行小腹，向外接肋骨下缘章门穴，上接期门穴联系肝胆；再续行喉咙、眼部达头顶。勤练此招，既能顾肝胆，也防治妇科疾病、遗尿、尿滞留等。

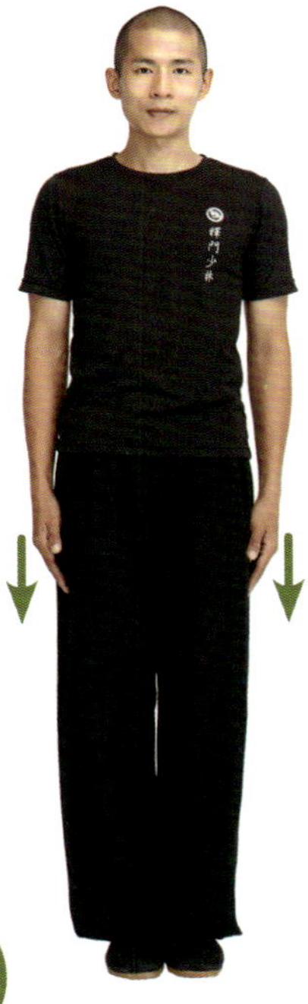

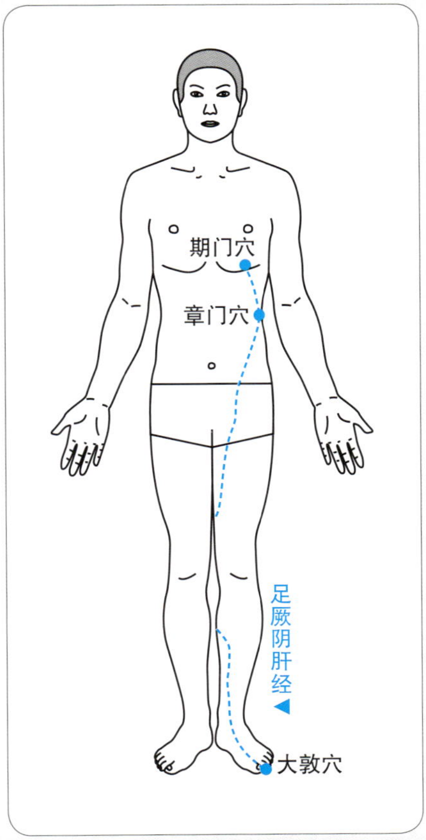

吐气收功

18 双手下移收功

慢慢吐气，双掌顺身体前面下移，放回大腿两侧，数次调息平稳收功。

第8段

背后七颠百病消

每日保健
5次/回

每日强肌或缓解不适
12次或早晚各1回

动作视频扫描码

锻炼肌群 肩背腰脊→小腿后侧

特效：心血管系统·脊椎神经·内分泌系统

“旧病”是指慢性病、亚健康问题，轻者如偏头痛、痛经、水肿，重者如心血管系统疾病、糖尿病、肥胖症。慢性病不仅易得，而且防治耗时，难以根治。但如果能提升免疫力和自愈力，加强心血管系统和淋巴系统的功能，不但能有效防病，也能缓解不适、控制恶化、提高食疗和用药的效率。

“背后七颠百病消”段式从脚跟到后脑做全身背后颠动，打通贯通全身的脊柱、督脉、膀胱经，活络气血代谢、神经脉络，并改善脑垂体、甲状腺等内分泌器官的功能，同时松活脊柱、腿部各肌肉群，舒缓自主神经。

脚跟颠动时，脚跟要保持相接勿分开，身腿呈直线起落，正确施力到足太阳膀胱经、督脉和脊柱。保持颠足站立，连续多做几次。同时，手臂、双掌平贴后腰，增强稳定性，更牵动上身手少阳三焦经，刺激胸腹腔的气血流动。

STEP

调息预备

1 立式预备

延续上一段收腿姿势，或单练此招，先站挺，但肩膀放松，双手自然垂放于两腿侧，双眼平视前方，保持呼吸平缓。

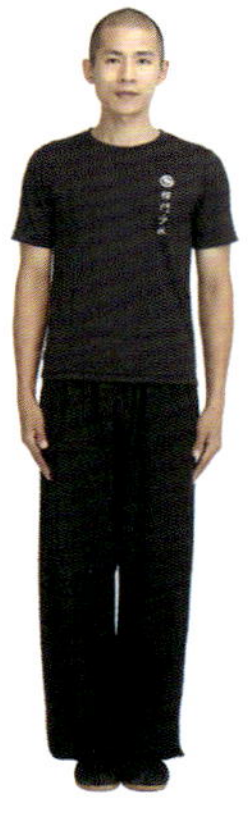

吸气三分　吐气

2 运掌后贴

吸气三分，双手左上右下，掌心先朝上，在丹田前交叉翻掌，变掌心朝下，手背顺移背后，贴腰放置，并脚且脚跟靠拢，慢慢吐气。

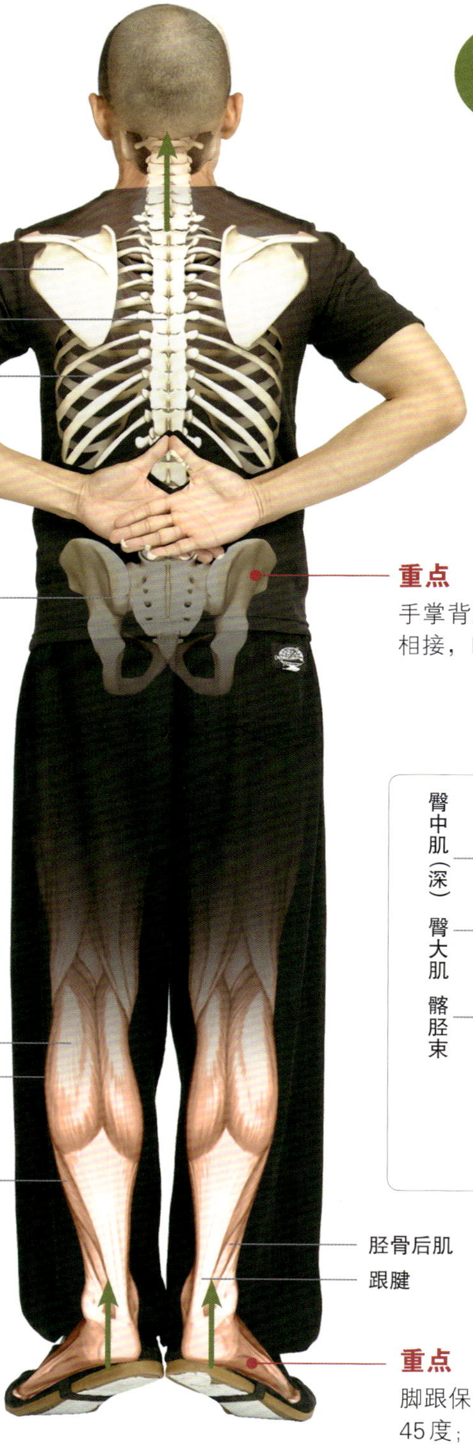

吸气
屏气

3 提脚跟站立

双脚内侧夹紧施力，后脚跟踮起，顺势吸气，到极点片刻屏气。

重点

手掌背贴后腰，大拇指朝上相接，四指右外左内交叠。

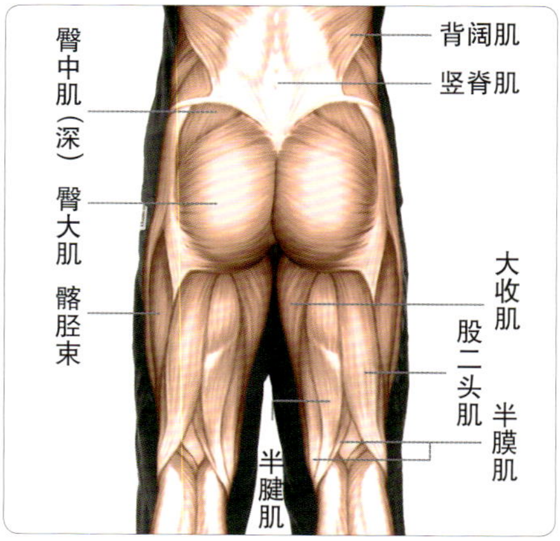

重点

脚跟保持相接，脚尖向外开约45度；身腿保持挺直起落。

吐气
重复

4 落地再起，重复颠7下

慢慢吐气，脚跟直线落地，脚尖随重心转换微翘，顺势重复起落7下。

重点

做起落颠动时，两脚跟不可以分开，要保持相接。

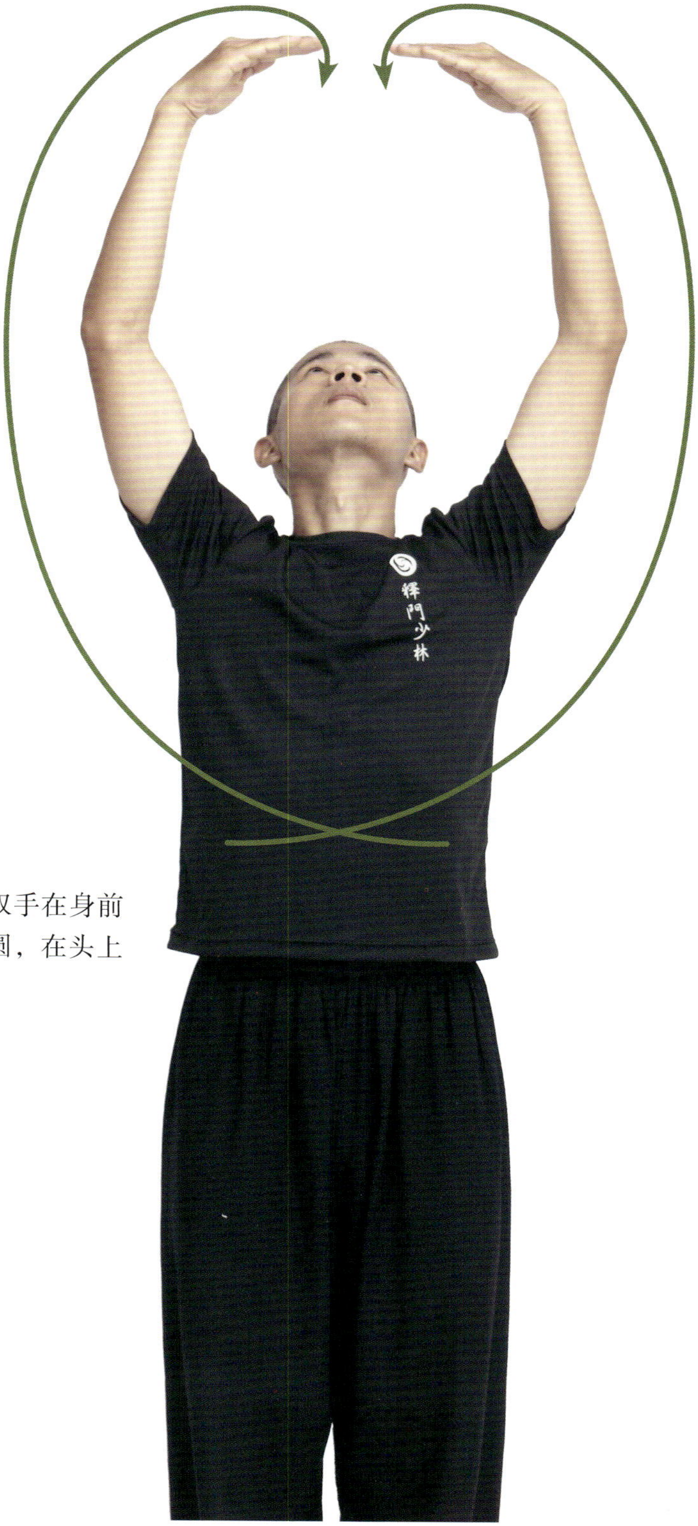

提气

5 开腿手画圆

右脚打开与肩同宽，双手在身前交叉，往左右侧画大圆，在头上相对，掌心朝下。

〔教练说〕

背后七颠百病消 打通经脉，活络气血

动作简单，年老体虚、行动不便者也可练习。注意两脚跟颠动时要保持相接，从双腿到脊柱呈直线起落；可刺激到全身最长的经脉——足太阳膀胱经，以及与其互为表里的足少阴肾经，防治泌尿系统、腰肾、脊柱、坐骨神经、腿膝等相关病症。还可刺激循行手臂到心腹的手少阳三焦经，防治偏头痛、耳鸣、眼压高、胸闷、腹胀。

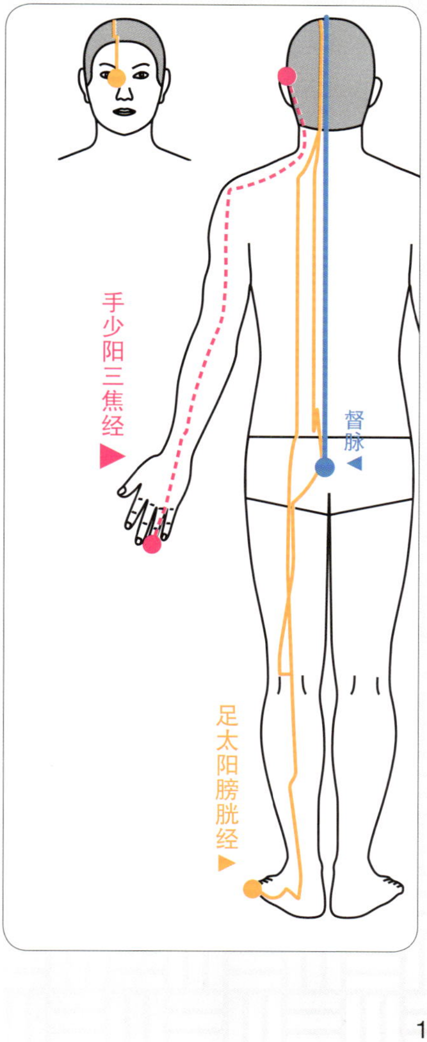

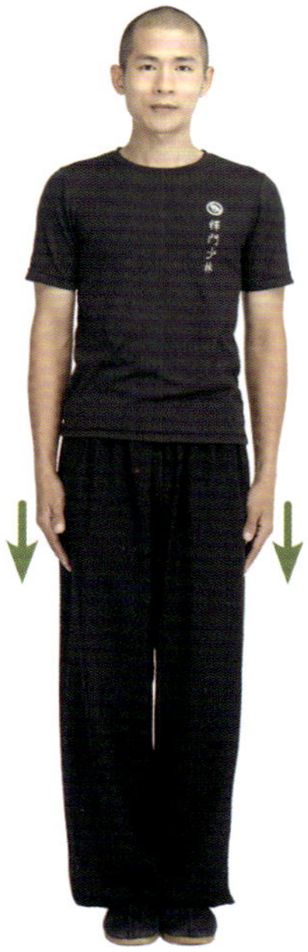

吐气收功

6 双手下移收功

慢慢吐气，双掌顺身体前面下移，放回大腿两侧，数次调息平稳收功。

【学员分享·对症练习】

做八段锦改善酸痛杂症

学会做八段锦后，该怎样对症应用全套或单招呢？我在导言中说过，八段锦对人体五大系统和各部位筋骨的健身效果，学员也常跟我聊到应用心得，提到很多专科医生都难以治愈的慢性病、酸痛杂症，在练习八段锦后都好转了！

心血管病症

心血管病症多因血流阻滞、动脉硬化造成，常见“三高”、肥胖、疲劳、眼疾、胸闷、健忘，较重的导致心脏衰竭、中风、猝死。正确做八段锦第1、4、6段，可活络心包经和三焦，调整肾水，平衡血压，促进胆固醇、血脂代谢，调节神经。但心脏病、高血压、眩晕症、脊柱炎患者要减缓强度与幅度，从较和缓的第1、5、8段做起，避免意外，且要配合健康作息，遵医嘱。想清血脂、瘦身者，可做第4、6段。

症状　**1** 胸闷　**2** 心血管问题　**3** 高血压

应用　第1段：双手托天理三焦 + 第5段：五劳七伤往后瞧 +
第8段：背后七颠百病消

症状　**4** 高胆固醇　**5** 高血脂　**6** 减肥

应用　第1段：双手托天理三焦 + 第4段：摇头摆尾去心火 +
第6段：双手攀足护肾腰

症状　**7** 疲劳　**8** 视力衰退　**9** 记忆力衰退

应用　第4段：摇头摆尾去心火 + 第6段：双手攀足护肾腰 +
第8段：背后七颠百病消

这样做有益于心血管 ➤ 循序渐进，注意反应，量力而行。

第1段 | 双手托天理三焦　每日次数：10次 p.82

❶ 托天时掌根用力，拉开脊柱和腋窝，肩颈放松；
❷ 手肘不勉强伸很直，前弯时双手不勉强按到地；
❸ 采取深缓腹式呼吸，挺吸弯吐。

第4段 | 摇头摆尾去心火　每日次数：8次 p.106

❶ 头痛者要确认非中风、脑炎、肿瘤再做；
❷ 心脏病、高血压、眩晕症、脊柱炎患者，上身勿太低；
❸ 摇头摆尾要和缓，避免头晕。

第5段 | 五劳七伤往后瞧　每日次数：12次 p.116

❶ 往后瞧时，不要低头；
❷ 头眼、肩臂、腰椎一起后转，下肢不动，产生扭力；
❸ 办公族每小时起身做几次，在座位就能做。

第6段 | 双手攀足护肾腰　每日次数：10次 p.122

❶ 后仰以手护腰，前弯膝盖打直；
❷ 动作要和缓，配合腹式呼吸，仰吸弯吐；
❸ 心脏病、高血压、眩晕症、脊柱炎患者，勿弯太大。

第8段 | 背后七颠百病消　每日次数：12次 p.140

❶ 踮脚站立时，两脚跟保持相接；
❷ 全身起落呈直线，拉伸背后督脉和膀胱经；
❸ 每次踮脚起落7下，配合腹式呼吸，起吸落吐。

呼吸 病症

呼吸系统病症是公认最难治愈的病，严重的有肺癌，常见的有过敏、气喘、久咳，都需从根源提升免疫力。做八段锦第1、2、3段，针对肺经、气管、横膈膜，缓解呼吸道干痒之症，睡前做能助眠，久之能强化免疫力。

症状　**10** 感冒咳嗽　**11** 气喘过敏　**12** 气管和肺疾

应用　第1段：双手托天理三焦 + 第2段：左右开弓似射雕 +
第3段：调理脾胃单举手

这样做有益于呼吸道 ➤ 以呼吸和手臂动作，畅通肺经和胸腔。

第1段 | 双手托天理三焦　每日次数：10次 p.82

❶ 托天时掌根用力，拉开脊柱和腋窝，肩颈放松；
❷ 手肘不勉强伸很直，前弯时双手不勉强按到地；
❸ 采取深缓腹式呼吸，挺吸弯吐。

第2段 | 左右开弓似射雕　每日次数：10次 p.90

❶ 开弓时，手臂与肩膀齐高，但勿耸肩太用力；
❷ 开弓时吸气，回位时吐气，消除胸肺郁气。

第3段 | 调理脾胃单举手　每日次数：12次 p.100

❶ 上手托天，下手按地，拉开体腔，疏通三焦；
❷ 掌根稍微用力，但手臂勿过度紧张；
❸ 胸腹有手术伤口者，拉力勿太大。

神经病症

神经系统分布于全身，包含中枢神经、运动神经、感觉神经、自主神经、肠神经等。病兆也很多，像焦虑、头痛、失眠、口臭、便秘、拉肚子等，而过劳、压力大是重要原因。可做八段锦以下三式疏通上下身、动脊醒脑、去肝火、调肾水。下身不便者做第1、5、8段。

症状 13 头痛　14 焦虑失眠　15 自主神经失调

应用 第4段：摇头摆尾去心火 + 第6段：双手攀足护肾腰 + 第7段：攒拳怒目增力气

症状 16 左右身不平衡　17 手脚不协调

应用 第4段：摇头摆尾去心火 + 第7段：攒拳怒目增力气

这样做有益于神经 ➤ 打通脊柱，调理肝肾，唤醒全身末梢神经。

第4段 | 摇头摆尾去心火　每日次数：8次 p.106

1. 头痛者要确认非中风、脑炎、肿瘤再做；
2. 心脏病、高血压、眩晕症、脊柱炎患者，上身勿太低；
3. 摇头摆尾要和缓，避免头晕。

第6段 | 双手攀足护肾腰　每日次数：10次 p.122

1. 后仰以手护腰，前弯膝盖打直；
2. 动作要和缓，配合腹式呼吸，仰吸弯吐；
3. 心脏病、高血压、眩晕症、脊柱炎患者，勿弯太过。

第7段 | 攒拳怒目增力气　每日次数：8次 p.130

1. 马步要扎稳，避免冲拳时失去平衡；
2. 心脏病、高血压、脊柱炎、年长者冲拳勿太过用力；
3. 怒目瞪眼，刺激肝经。

消化病症

学员最常问我的消化系统病症有：胃痛、胃酸、便秘等问题。做八段锦按摩胃肠，当下可解痛消胀促便。做操时以丹田深缓呼吸，不要因为疼痛就急促呼吸；饮食也要增加水和纤维质。长期坚持在饭后1小时练习，可促进消化、排便、血糖血脂代谢，预防消化道病变、中风、失明等。

症状 18 胃痛胃酸　19 肠燥腹泻

应用 第1段：双手托天理三焦 + 第3段：调理脾胃单举手

症状 20 胀气便秘　21 消化不良

应用 第3段：调理脾胃单举手 + 第6段：双手攀足护肾腰 + 第8段：背后七颠百病消

症状 22 肝火肝炎　23 糖尿病　24 胃凸腰肥

应用 第1段：双手托天理三焦 + 第6段：双手攀足护肾腰 + 第7段：攒拳怒目增力气

这样做有益于胃肠 ➤ 饭后1小时做，丹田呼吸按摩三焦。

第1段 | 双手托天理三焦　每日次数：10次 p.82

❶ 托天时掌根用力，拉开脊柱和腋窝，肩颈放松；
❷ 手肘不勉强伸很直，前弯时双手不勉强按到地；
❸ 采取深缓腹式呼吸，挺吸弯吐。

第3段 | 调理脾胃单举手　每日次数：12次 p.100

❶ 上手托天，下手按地，拉开体腔，疏通三焦；
❷ 掌根稍微用力，但手臂勿过度紧张；
❸ 胸腹有手术伤口者，拉力勿太大。

第6段 | 双手攀足护肾腰　每日次数：10次 p.122

❶ 后仰以手护腰，前弯膝盖打直；
❷ 动作要和缓，配合腹式呼吸，仰吸弯吐；
❸ 心脏病、高血压、眩晕症、脊柱炎患者，勿弯太大。

第7段 | 攒拳怒目增力气　每日次数：8次 p.130

❶ 马步要扎稳，避免冲拳时失去平衡；
❷ 心脏病、高血压、脊柱炎、年长者冲拳勿太用力；
❸ 怒目瞪眼，刺激肝经。

第8段 | 背后七颠百病消　每日次数：12次 p.140

❶ 踮脚站立时，两脚跟保持相接；
❷ 全身起落呈直线，拉伸背后督脉和膀胱经；
❸ 每次踮脚起落7下，配合腹式呼吸，起吸落吐。

内分泌
病症

很多年轻学员以为，内分泌问题只会出现在青春期、妊娠期、更年期，事实不然。

人体维持生理恒定的功能，都得靠内分泌和神经系统。内分泌系统包含内分泌腺（如垂体、松果体、甲状腺、甲状旁腺、肾上腺、胰岛等）和其分泌的激素（荷尔蒙），经体液或血液循环送到特定器官组织并发挥作用。作息失调、生理期、饮食不当、压力疲劳、气血循环变差等，都会影响内分泌，往往导致各方面病症，像“三高”、水肿、皮肤病、肥胖、经期失调、不孕不育等。

做八段锦调理内分泌，可选活动腰、肾、肝的“双手攀足护肾腰”“攒拳怒目增力气”，或作用于肢体末梢的“双手托天理三焦”“背后七颠百病消”，配合马步或弯身，让下盘稳健、气血回流、畅通全身。

症状	**25** 水肿怕冷	**26** 长痘脱发	**27** “三高”
应用	第1段：双手托天理三焦 + 第6段：双手攀足护肾腰		
症状	**28** 月经失调	**29** 妇科疾病	**30** 更年期综合征
应用	第6段：双手攀足护肾腰 + 第7段：攒拳怒目增力气 + 第8段：背后七颠百病消		

这样做有益于内分泌 ➤ 傍晚练功代谢最强，并导正作息、饮食。

第1段 | 双手托天理三焦

每日次数：10次 p.82

1. 托天时掌根用力，拉开脊柱和腋窝，肩颈放松；
2. 手肘不勉强伸很直，前弯时双手不勉强按到地；
3. 采取深缓腹式呼吸，挺吸弯吐。

第6段 | 双手攀足护肾腰

每日次数：10次 p.122

1. 后仰以手护腰，前弯膝盖打直；
2. 动作要和缓，配合腹式呼吸，仰吸弯吐；
3. 心脏病、高血压、眩晕症、脊柱炎者，勿弯太大。

第7段 | 攒拳怒目增力气

每日次数：8次 p.130

1. 马步要扎稳，避免冲拳时失去平衡；
2. 心脏病、高血压、脊柱炎、年长者冲拳勿太用力；
3. 怒目瞪眼，刺激肝经。

第8段 | 背后七颠百病消

每日次数：12次 P140

1. 踮脚站立时，两脚跟保持相接；
2. 全身起落呈直线，拉伸背后督脉和膀胱经；
3. 每次踮脚起落7下，配合腹式呼吸，起吸落吐。

筋骨酸痛

最后必讲的是针对身体各部位酸痛的八段锦疗法。现代人即使像我这样经常练功运动的，筋骨也会耗损，需要经常保养恢复。要治酸解痛、运动后舒缓筋肉，首先要保持深缓的丹田呼吸，然后判断酸痛的部位，感受是否有酸、痛、刺、麻、肿、热。再做八段锦改善，严重者需经医师检查病因。

一般的酸痛僵硬感，最简单的自愈疗法是**哪里酸痛就动哪里**。熟悉经脉者则可采用连动招式促进**经脉运行**（p.28~29），用呼吸导引肢体（肢体末梢都是经脉出口）做伸展放松，疏通气血，消除酸痛病灶。酸痛发作时，做八段锦当下就能改善不适感。但要避免复发或想要根治，还是必须长期做操并矫正姿势和作息。

症状　**31** 颈肩酸痛

应用　第2段：左右开弓似射雕 + 第5段：五劳七伤往后瞧

症状　**32** 手臂酸痛　**33** “妈妈手”（狭窄性腱鞘炎）　**34** “鼠标手”

应用　第1段：双手托天理三焦 + 第3段：调理脾胃单举手 +
第7段：攒拳怒目增力气

症状　**35** 腰痛　**36** 背痛　**37** 脊椎僵硬

应用　第4段：摇头摆尾去心火 + 第5段：五劳七伤往后瞧

症状　**38** 腿膝酸痛　**39** 气虚寒痛　**40** 足底筋膜炎

应用　第4段：摇头摆尾去心火 + 第6段：双手攀足护肾腰 +
第8段：背后七颠百病消

这样做有益于筋骨 ➤ 深缓丹田呼吸，拉通经脉、脊柱。

第1段 | 双手托天理三焦　每日次数：10次 p.82

❶ 拉伸手臂、腋窝、脊柱、臀部、腿后侧；
❷ 活络心包经、心经、肺经、肾经、肝经。

第2段 | 左右开弓似射雕　每日次数：10次 p.90

❶ 马步锻炼下盘，拉伸手臂、肩颈、胸、腋窝；
❷ 活络肺经、大肠经。

第3段 | 调理脾胃单举手　每日次数：12次 p.100

❶ 拉伸肩臂、前胸腹、后背、脊柱。
❷ 活络脾经、胃经。

第4段 | 摇头摆尾去心火　每日次数：8次 p.106

❶ 马步锻炼下盘，拉伸头颈、脊背、腰肚；
❷ 活络心经、肾经。

第5段 | 五劳七伤往后瞧　每日次数：12次 p.116

❶ 扭转脊柱、头颈、肩臂、胸腰，下肢不动。
❷ 活络胃经、胆经、三焦经、大肠经、小肠经、督脉、膀胱经。

第6段 | 双手攀足护肾腰　每日次数：10次 p.122

❶ 后仰伸展身体前面，前弯伸展身体后面。
❷ 活络任脉、肾经、督脉、膀胱经。

第7段 | 攒拳怒目增力气　每日次数：8次 p.130

❶ 马步锻炼下盘，冲拳强臂，挺直脊柱，怒目瞪眼醒脑；
❷ 活络肝经。

第8段 | 背后七颠百病消　每日次数：12次 P140

❶ 活动脑部、脊柱、腰腿到后脚跟腱；
❷ 活络三焦经、膀胱经、督脉、任脉。

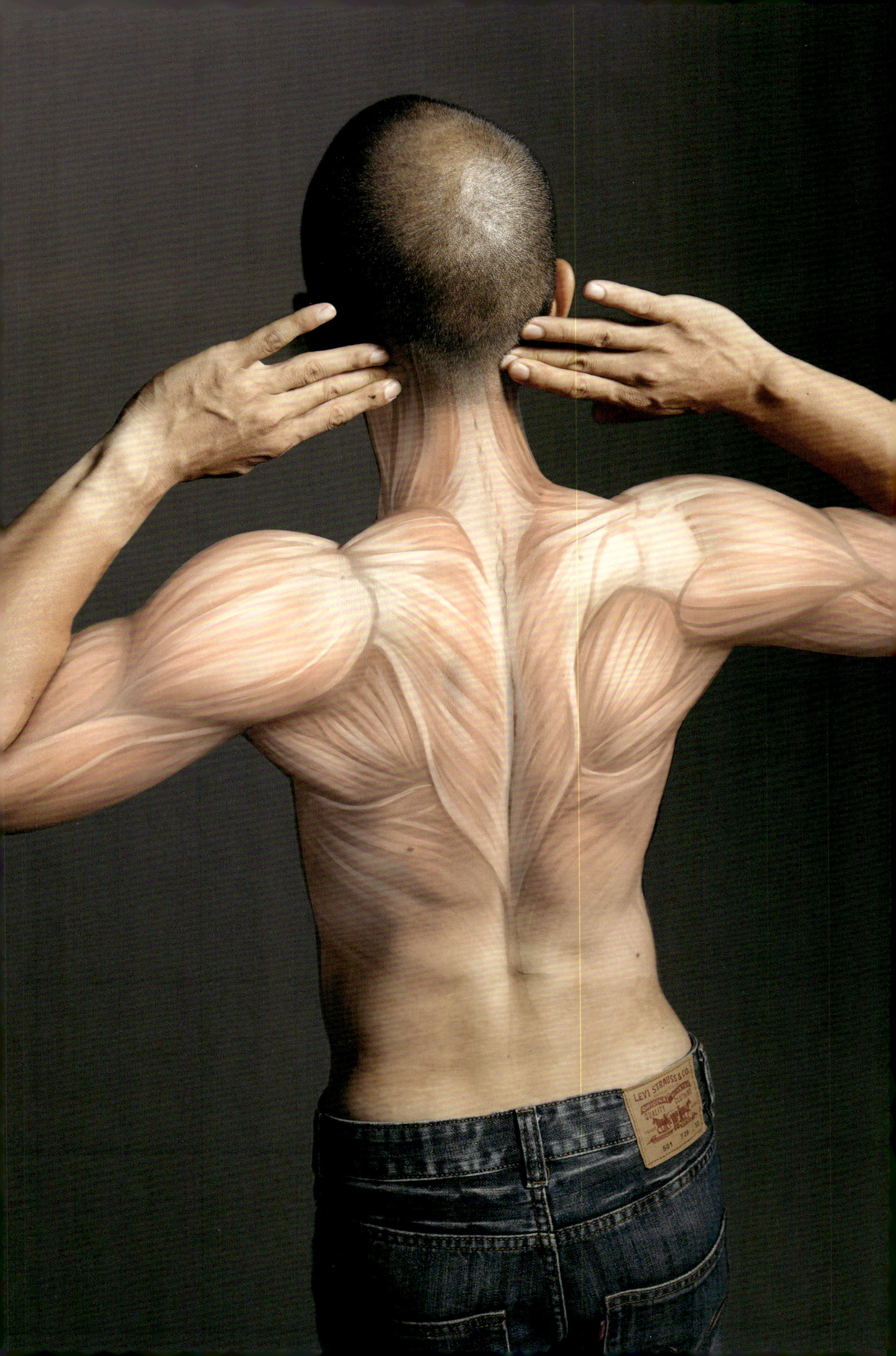
LEVI STRAUSS & CO.

Chapter 4

八段锦选招辅训

选对招勤练习，

可辅助其他运动！

选对招练健身八段锦

助力其他各种运动

很多学员经常分享说，八段锦对他们来说是认识中华武术奥妙很好的途径，同时也是一套人人可练的日常保健运动，更是随时可做的对症自愈疗法。

这几年运动健身蔚然成风，喜欢跑步、骑车、高尔夫球、篮球、游泳、重训、拳击等的人越来越多，运动器材如弹力绳、室内单车、健腹器、空中绸吊等愈加五花八门。我也教大家，把八段锦当作运动前的热身操、运动后的舒缓操，尤其针对各运动涉及的重点肌群和运动要领，选择八段锦特定段式当作辅助训练，能够在运动上有更好的表现。

做运动选择流行的还是适合的？

学员通过做八段锦，可了解目前体能和肌群、关节的状态，找到适合自己的运动项目，而不是看流行凑热闹，那不但对健身没帮助，还常导致运动伤害，损耗元气。

近年我常赴海外推广少林武学，认识不少老外型男痴迷大肌肉，但重训方法太偏激，虽然身材练得像金刚，但线条不匀称，且体能变得很差，组织也失去弹性，还不时会心悸、躁郁、暴食。因为无法长期做那么大的运动量，眼看大肌肉快变为一团肥肉，后来修正训练方法，并加入八段锦、太极等气功，现在他们很满意自己精实的肌肉和全面的健康状态。

（注：下文的运动项目按英文名称开头字母编排。）

选招辅训

1 Basketball

篮球

首先说明，我是一个武术教练，并不是精通所有运动的运动专家，在这个单元提供给大家的建议，是就我的学员们经常提的问题来回答的，还融合了大家练习八段锦的心得，各位可当作提升体能、肢体协调性的参考。而想更直接提升运动技术、进行健康检测、调理饮食，仍需咨询运动教练、医师和营养师。

喜欢打篮球的人很多，都希望自己在场上很耐撞，还要跳得高。所以锻炼身体的弹性很重要，上身和下身都要协调训练。八段锦之“调理脾胃单举手”可拉开并训练核心胸腹和脊柱的弹性；“攒拳怒目增力气”的“马步”锻炼腿力和稳定性，冲拳让你更擅长调控臂力，传球、投篮、抄截更得心应手，怒目瞪眼有助于威吓对手！

八段锦选招练，打篮球更易上手

第3段 | 调理脾胃单举手 p.100

- 每日次数：12次
- 运动前后热身、舒缓各5次
- 手臂交替上下移动，拉伸胸腹和脊柱。

第7段 | 攒拳怒目增力气 p.130

- 每日次数：8次
- 运动前热身3次
- 专注冲拳时马步要蹲稳，同时怒目瞪眼。

2 Boxing

拳击

近些年不少女学员和小朋友也去上格斗馆的课，如拳击、散打、防身术等。早期的研究说，拳击是“70%无氧＋30%有氧＝爆发力＋耐力”的综合技能。但新的拳手训练趋势建议做更多有氧体能，如伸展操、跳绳、间歇跑、马步，几乎和练出拳、防御、脚步、对练的时间一样多。毕竟每回合要撑2或3分钟、对峙几回合，体能和核心肌群真的很重要。

而八段锦的本质就是锻炼体能、强化核心肌群。再者，拳击出拳的劲力并非在手，而是靠核心腰部的扭转力，手臂只是顺势弹甩出去。这种以核心转动发力，控制出拳力度和方向的运动方式，和八段锦相辅相成。更少不了以蹲马步、弓箭步来全方位锻炼下盘的练习。

八段锦选招练，拳击对练更易上手 >

第2段 | 左右开弓似射雕 p.90

- 每日次数：10次
- 运动前后热身、舒缓各3次
- 头颈脊柱随手臂左右转。

第4段 | 摇头摆尾去心火 p.106

- 每日次数：8次
- 运动前热身3次
- 马步、弓箭步要扎稳，扭转身体要和缓。

3 Cycling 单车

骑单车运动一直很流行。我也喜欢骑车，常骑慢车练心肺功能。

大家觉得骑单车是腿的运动，不过，我建议骑车的支点最好放在腰髋胯部，将力量平均下放到腿、膝、脚，避免下肢单一关节受伤。此外，车座不要调太高，腿要伸很直才踩得到踏板的话，膝盖、脚筋容易拉伤；也不要调太低，腿伸不开的话，只用膝盖和后跟出力会酸痛。建议把车座调到适当高度，当脚踏板位于6点钟方向时，腿部应基本伸直，且臀部不偏斜，这样才能骑得顺、骑得久，训练腰、腿和心肺功能。辅训的八段锦也是使腰胯稳定有力的段式。

八段锦选招练，骑单车更易上手

第4段 | 摇头摆尾去心火 p.106

- 每日次数：8次
- 运动前热身3次
- 马步、弓箭步要扎稳，扭转身体要和缓。

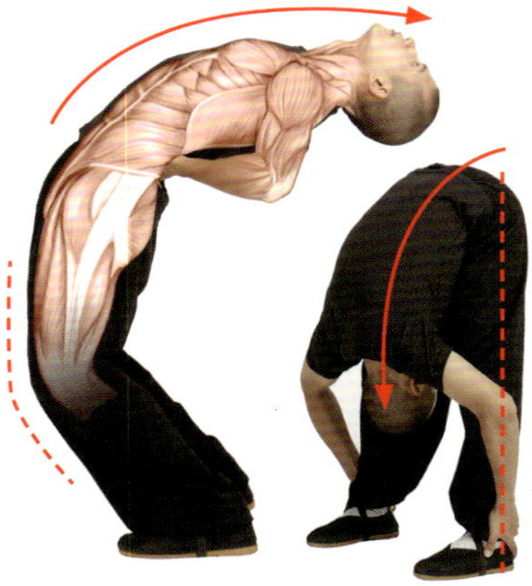

第6段 | 双手攀足护肾腰 p.122

- 每日次数：10次
- 运动前后热身、舒缓各3次
- 后仰微屈膝，前弯腿打直。

④ Elastic Strap Training
弹力带

这几年弹力带很流行，瘦身操、排毒操、拉筋操、顺产操、伸展操、减肥操、瑜伽都结合弹力带的优点，做一系列动作设计，强调人人适用。

弹力带的优点是，辅助肢体做一些原本做不到的拉伸、固定、压力、摆转、弹震、协调动作，使肢体达到潜能的力度、角度、方向。要注意身体的弹性，以免没拿捏好弹力带的力度而拉伤筋肉。建议八段锦辅训选伸屈度较大的招式，如“五劳七伤往后瞧”练身体左右扭动，“双手攀足护肾腰”练身体前后仰合，在缓和的动作中提升身体弹性、紧实体态线条。

八段锦选招练，弹力带更易上手

第5段 | 五劳七伤往后瞧 p.116

- 每日次数：12次
- 运动前后热身、舒缓各5次
- 双脚不动，上身后转勿低头。

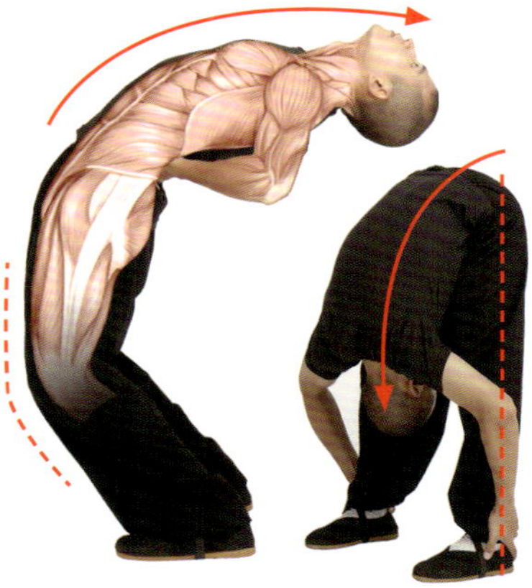

第6段 | 双手攀足护肾腰 p.122

- 每日次数：10次
- 运动前后热身、舒缓各3次
- 后仰微屈膝，前弯腿打直。

选招辅训

5 Exercise Wheel

滚轮

健腹器有很多种，滚轮是男女都能练的。初学者适合双膝跪姿，使用手把有自动回弹功能的新型的软质厚胎轮（如图）；腹背肌强者可用传统单杠、双杠轮，采用站姿对墙练或站趴三角形练法。

滚轮的好处是可练到大肌群：腹、背、脊柱、胸肩，不是只靠臂肌硬撑。要注意滑前拉回的姿势、重心、距离要正确，以免不小心趴地拉伤肩关节、手臂、腰椎。尤其要做好“滑出吸气，拉回吐气”，眼睛看着肚子，保持头颈平顺，不要抬头。做前建议做八段锦“攒拳怒目增力气”启动全身能量，做完后做“双手攀足护肾腰”舒缓腰椎，会特别有感觉！

八段锦选招练，滚轮更易上手 >

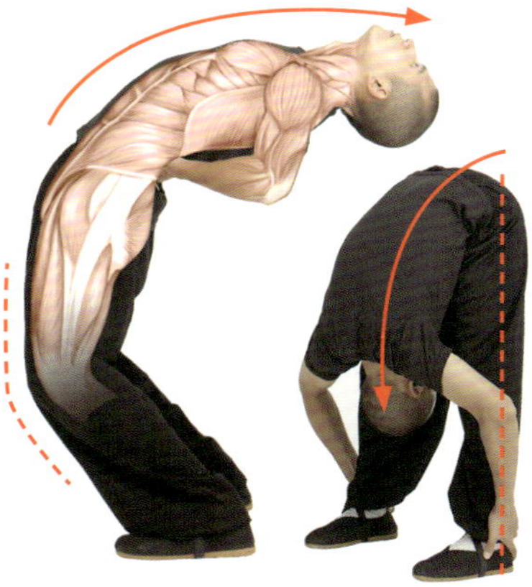

第6段 | 双手攀足护肾腰 p.122

- 每日次数：10次
- 运动前后热身、舒缓各3次
- 后仰微屈膝，前弯腿打直。

第7段 | 攒拳怒目增力气 p.130

- 每日次数：8次
- 运动前热身3次
- 冲拳时马步要扎稳，同时怒目瞪眼。

选招辅训

6 Golf

高尔夫

打高尔夫简单说是：站位准备、挥杆击球，最重要的是整个流程要控制杆头的稳定，从静态姿势到动态挥杆都要保持稳定。

挥杆分解为：启杆，上杆，下杆，击球，送杆，收杆，练稳肌肉惯性和节奏感才能击出好球，坊间有个口诀："上2拍、下3拍、收1拍"。为此勤练八段锦"调理脾胃单举手"，上手托天、下手按地让脊柱伸展和加强核心胸腹；练习"五劳七伤往后瞧"稳定下盘，加强侧身挥杆扭力。此外，勤练以马步为基础的段式，对髋、胯、腿的稳定性也大有帮助，让你在把握挥杆的方向、力度方面都突飞猛进！

八段锦选招练，小白球更易上手

第3段 | 调理脾胃单举手 p.100

- 每日次数：12次
- 运动前后热身、舒缓各5次
- 手臂交替上下移动，拉伸胸腹和脊柱。

第5段 | 五劳七伤往后瞧 p.116

- 每日次数：12次
- 运动前后热身、舒缓各5次
- 双脚不动，上身后转勿低头。

7 Hoops/Pole/Silk

空中环 钢管 绸吊

空中环、绸吊这类借用一组绳索在空中进行的运动，统称悬吊式阻抗训练，起初是美国海豹突击队的训练方式。用自己的体重作阻力，调整姿势和角度来控制运动强度，属于全身性、深层次的肌力训练。某些钢管动作也有相同作用，对肌肉的刺激比平面训练直接，使肌力更强、更灵活、更协调。

选八段锦辅训时，要均衡锻炼全身肌群，如“双手托天理三焦”上拉前弯，“攒拳怒目增力气”马步定腰、三面冲拳，并将关节拉开，反复提升肢体弹性，让冲击减到最小、强肌功效激发到最大！由于那些反地心引力的姿势冲力太大，筋肉若没有相当控制力，运动伤害也是地面运动的好几倍！

八段锦选招练，悬吊训练更易上手 >

第1段 | 双手托天理三焦 p.82

- 每日次数：10次
- 运动前后热身、舒缓各3次
- 双手托天拉伸脊椎，肩颈放松。

第7段 | 攒拳怒目增力气 p.130

- 每日次数：8次
- 运动前热身3次
- 冲拳时马步扎稳，同时怒目瞪眼。

8 Pilates/Yoga

有氧操

有氧操有很多种，普拉提、瑜伽、八段锦，都可算广义的有氧操。有氧操是运动时间较长、有节奏、让心跳上升的大肌群运动，心搏达每分钟110～130次，能增强心肺功能、提升肌肉强度和弹性、减少脂肪囤积，且和上页悬吊式训练一样都能练出匀称的身体线条。

重视伸展拉筋的有氧操有八段锦、普拉提、瑜伽等，有康复、解压效用，过程讲究专注、呼吸、控制、精确、流畅，让特定肌群和缓、高效率地运动。想练上身，建议做八段锦“调理脾胃单举手”，下身选马步段式“摇头摆尾去心火”等，身心兼修。

八段锦选招练，有氧操更易上手 ›

第3段 | 调理脾胃单举手 p.100

- 每日次数：12次
- 运动前后热身、舒缓各5次
- 手臂交替上下移动，拉伸胸腹和脊柱。

第4段 | 摇头摆尾去心火 p.106

- 每日次数：8次
- 运动前热身3次
- 马步、弓箭步扎稳，转身要和缓。

9 Plank

棒式 侧棒式

棒式就是趴地撑体，类似瑜伽动作，需长时间维持同样姿势并保持收缩肌肉，即有“等长收缩”效用。撑体时腹、臀、腿肌都必须用力，主要训练到深层核心肌群。八段锦辅训也可加强以腹腰、胯臀为重点的段式，如第 6 、 7 段。棒式动作简单，可有效强肌燃脂，这几年在年轻男女中都很风靡，但务必注意以下3个要领，以免伤到腰和脖子：

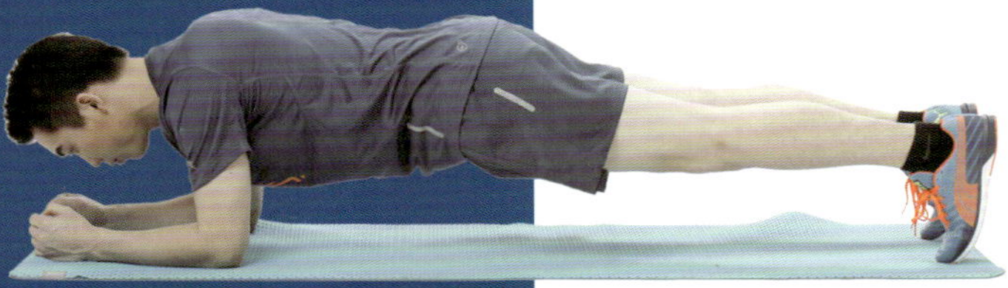

（1）缩下巴，头后颈、背、臀成直线。

（2）缩小腹，臀部微收勿翘，避免下沉。

（3）深缓地用鼻子吸气，嘴巴吐气。

另外，若要加强核心侧面可做侧棒式，即侧撑体，练背面肌群做反向撑体。

八段锦选招练，棒式更易上手

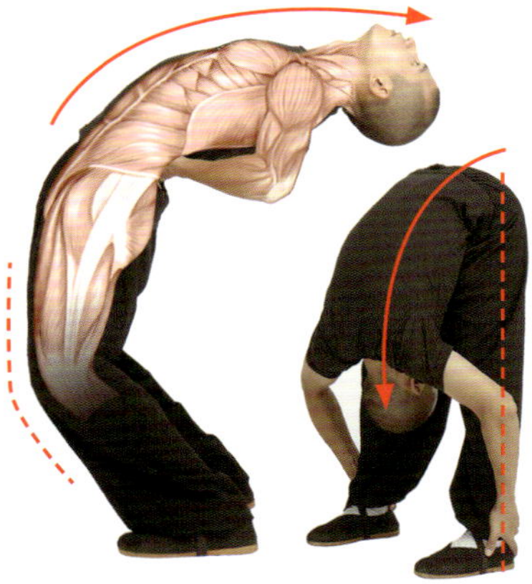

第6段 | 双手攀足护肾腰 p.122

- 每日次数：10次
- 运动前后热身、舒缓各3次
- 后仰微屈膝，前弯腿打直。

第7段 | 攒拳怒目增力气 p.130

- 每日次数：8次
- 运动前热身3次
- 冲拳时马步要扎稳，同时怒目瞪眼。

选招辅训

10 Running

跑步

跑步带给人们健康的好处不用多说。搭配八段锦以马步为基础的招式，“左右开弓似射雕”“攒拳怒目增力气”练腿力又练臂力，让你跑步摆动更稳定有力，减少酸痛。尤其“摇头摆尾去心火”，练马步和弓箭步，既增加腿力又提升心肺功能。

此外，跑步时最怕膝盖痛、小腿酸痛、脚跟痛，这些可通过多做“背后七颠百病消”来防治，这一招可当作跑前热身、跑后舒缓操。据研究，跑步最愉快的速度约在6分钟跑1千米，也就是比慢跑稍快、稍大步，但不要太快。每次约跑30分钟，膝伤者改快走，每周一到两次就会很有益于健康，跑太快或太多反而伤身。

八段锦选招练，跑步更易上手

第4段 | 摇头摆尾去心火 p.106

- 每日次数：8次
- 运动前热身3次
- 马步、弓箭步扎稳，扭转身体要和缓。

第8段 | 背后七颠百病消 p.140

- 每日次数：12次
- 运动前后热身、舒缓各5次
- 脚跟并拢、脊柱挺直，每次踮动7下。

11 Spinning

室内单车

如果家里空间和经济能力允许，有些人会自己买室内单车在家运动。它能取代骑车，比一般单车多了速度和上下起伏训练，也有跑步的有氧运动效用，既可燃烧脂肪，提升心肺功能，也可直接锻炼下身肌力。

对体重严重超标者、膝盖有问题者、不爱跑的年长者来说，骑室内单车相比跑步不易受伤，也不受天气或健身房营业时间影响。但宜有人陪同训练，协助注意速度和姿势，群练也增加乐趣。八段锦辅训可选较强力段式，如“左右开弓似射雕”“摇头摆尾去心火”，不只腰髋臀腿整个下盘都练到，也同时加强脊柱和手臂力量与协调性，可支持室内单车比较激烈的冲刺和站立骑法。

八段锦选招练，室内单车更易上手

第2段 | 左右开弓似射雕 p.90

- 每日次数：10次
- 运动前后热身、舒缓各3次
- 头颈、脊柱随手臂左右转。

第4段 | 摇头摆尾去心火 p.106

- 每日次数：8次
- 运动前热身3次
- 马步、弓箭步扎稳，扭转身体要和缓。

12 Squat

深蹲

这几年很流行一招减肥锻炼法，如深蹲、棒式、双手高举踮脚。特点是步骤简单，但要做到位、撑够久并不好做，且要搭配呼吸才能持续，都属于全身大肌群训练。

八段锦辅训则很适合选可强健腰肾的段式。深蹲双脚脚尖朝前，不用像马步张那么开，有的教练要求下蹲时膝盖不能超过脚尖。而我的经验是要专注于臀部往后坐蹲，蹲到大腿和地面平行，腰背脊柱到头部保持成70度斜线；双手可叉腰，或向前平举齐肩保持平衡，也可反复起坐微拉臀肌。只要姿势能保持平衡，肚子不要压向大腿，屁股确实往后坐，膝盖不会感觉压力，倒可不必太计较膝盖超过脚尖。

八段锦选招练，深蹲更易上手

第2段 | 左右开弓似射雕 p.90

- 每日次数：10次
- 运动前后热身、舒缓各3次
- 头颈、脊柱随手臂左右转。

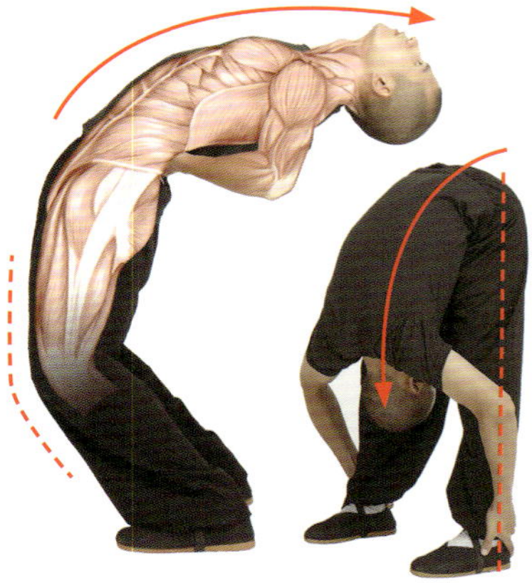

第6段 | 双手攀足护肾腰 p.122

- 每日次数：10次
- 运动前后热身、舒缓各3次
- 后仰微屈膝，前弯腿打直。

选招辅训

13 Swimming

游泳

很多人都会游泳，不管泳技好不好、游哪一种姿势，光是身体在水中漂浮半小时到一小时，整个人就感到放松和清醒。很多名人也是靠游泳维持身材。

游泳注重换气和肢体协调，非常有益于健康。它既是全身性有氧运动，又有按摩减压、减轻酸痛的康复效果，而且耗损是所有运动中最小的。八段锦可辅助训练上肢，保持核心稳定和身体前后的灵活协调，如“调理脾胃单举手”“五劳七伤往后瞧”，对游泳速度、翻身换气大有帮助。还能增强心肺功能、改善体质、减轻呼吸道过敏、按摩皮肤和肌肉。

八段锦选招练，游泳更易上手

第3段 | 调理脾胃单举手 p.100

- 每日次数：12次
- 运动前后热身、舒缓各5次
- 专注用上下手拉开胸腹和脊柱。

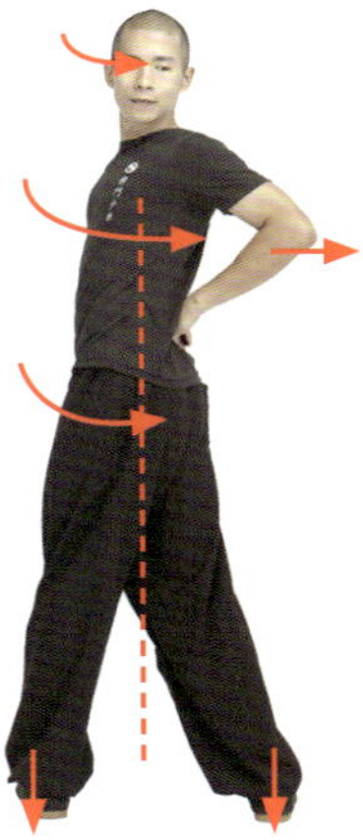

第5段 | 五劳七伤往后瞧 p.116

- 每日次数：12次
- 运动前后热身、舒缓各5次
- 专注双脚不动，肩身后转勿低头。

14 Tabata Training

间歇训练

间歇训练原本是日本畑泉教授研究的用来训练运动员的一种高强度运动。近年来流行的多是修改过的温和版，可帮助一般人强肌、减肥、提升心肺功能。动作每次约8个循环，强弱交替，密集做4~8分钟，一周4~5次。运动后的心率约为最大心率（220-年龄）的80%，可比做一般运动多燃烧10%的热量，也有益于提升灵活度、爆发力。

但因整体动作有难度，练习的话最好有运动基础、无心血管病、无关节炎。八段锦辅训也建议用一强一弱的段式穿插练习，先习惯间歇又密集的流程和呼吸的调配，测试自己是否适合紧凑的练习动作。

八段锦选招练，间歇训练更易上手

第7段 | 攒拳怒目增力气 p.130

- 每日次数：8次
- 运动前热身3次
- 冲拳时马步要扎稳，同时怒目瞪眼。

第8段 | 背后七颠百病消 p.140

- 每日次数：12次
- 运动前后热身、舒缓各5次
- 脚跟并拢，脊柱挺直，每次踮动 7下。

选招辅训

15 Weight Lifting

举重

举重这里指举杠铃。这项运动近年来很受欢迎，它的好处有：强肌，健骨，燃脂，助眠，调节血糖、激素和神经，提升自信。

举重分抓举、挺举，细分有：过头举（肩推）、卧推、硬举、前蹲举、深蹲举、杠铃划船，各能练到全身不同肌群。练习时应结合教练的指导，从单一肌群练起较安全。而且应把举重技巧、辅训、营养都纳入计划；要增加肌肉量，反复练慢速离心的动作，目标是举超负荷的重量，才有强肌效果。一般人常觉得自己只能举自身体重40%的重量，其实要举到自身体重的70%才有效。搭配八段锦辅训，建议多做综合马步、核心和臂肩动作的上下身协调的段式。

八段锦选招练，举重更易上手

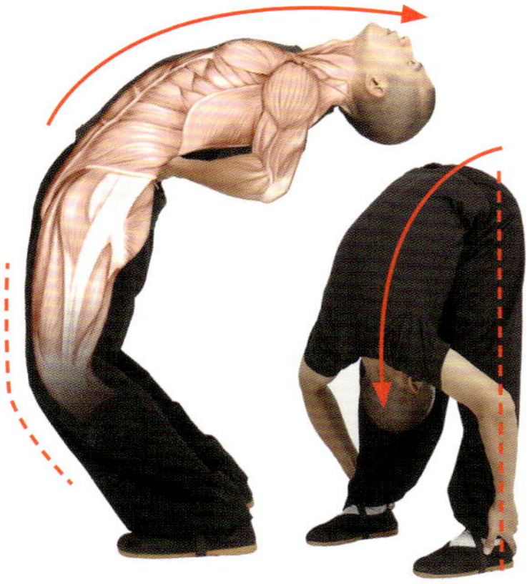

第6段 | 双手攀足护肾腰 p.122

- 每日次数：10次
- 运动前后热身、舒缓各3次
- 后仰微屈膝，前弯腿打直。

第7段 | 攒拳怒目增力气 p.130

- 每日次数：8次
- 运动前热身3次
- 冲拳时马步要扎稳，同时怒目瞪眼。

16 Weight Training

重量训练

本书介绍这么多现代的运动方式，并建议以八段锦做辅助训练，是希望忙碌的你我能把运动纳入生活，充分享受各种运动带给身心的乐趣！而把重量训练和举重分开介绍，是想说重量训练不是只有杠铃举重，在我们的生活中有很多对身体各部位进行重量训练的机会。

生活中有很多做重量训练的道具或方式，如壶铃、手脚加重袋，可利用自己的体重做反向伏地挺身、爬楼梯对抗地心引力、挺举水壶或宠物。而搭配八段锦，可选练举手、出拳、马步健腿等辅训特定部位。不过，最重要的还是稳住核心、保持呼吸顺畅，这样才有足够气力，才可集中精力反复练习肌肉动作，练出线条。

八段锦选招练，重训更易上手

第1段 | 双手托天理三焦 p.82

- 每日次数：10次
- 运动前后热身、舒缓各3次
- 双手托天拉伸脊柱，肩颈放松。

第7段 | 攒拳怒目增力气 p.130

- 每日次数：8次
- 运动前热身3次
- 冲拳时马步要扎稳，同时怒目瞪眼。

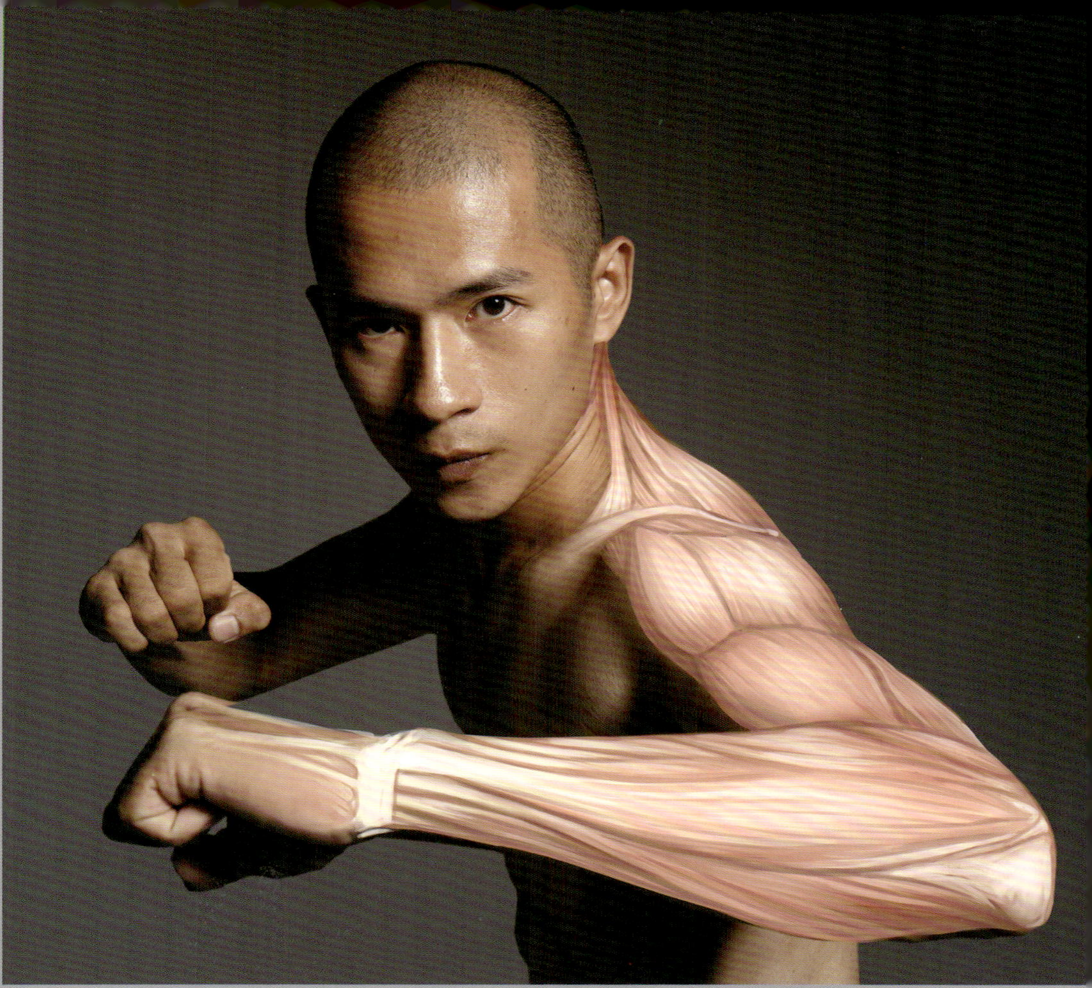

Chapter 5

武术班学员们常见问题和解答

做操、饮食、观念问题，
妙的、怪的通通解答！

回复各界八段锦“踢馆”问题，只要会呼吸和伸展，就先做吧！

少林拳法、八段锦等气功日渐普及，尤其是八段锦，学员们都觉得它很容易学、很实用。不过学员们，尤其初学者和针对症状做操者，难免会产生疑问。所以本书整理了大家常问的问题，而且从比较容易懂的肌肉运动角度，来说明气功必知的呼吸和经脉知识，让您做起来更简单、更有效！

Q1 八段锦很注重呼吸调息，初学者记不住……

A 八段锦属于初级的气功，我把要领分三部分：**呼吸**、**伸展**、**劲力**。它虽然动作简单，但效果要明显，就需要时间把呼吸调息培养成身体的记忆。每天即使只练3～5分钟，都会积累成效，一开始至少坚持21天练熟。书中p.44教授了做操4种呼吸法，每个步骤都标示怎样吸气、吐气、调息，这是提示大家熟练时的状态，不是要硬背，那样反而会手忙脚乱。

初学者对腹式呼吸、肢体配合还不熟，只要自然吸吐、保持身体稳定就可以。不要纠结于这个步骤该吸气或吐气，吸气到胸肺还是肚子，手脚张开到什么程度，或硬学别人的标准。建议先练单招消化细节，并依自己当下身心状况弹性微调。如果气吸太饱，肚子不舒服，就吐松一点；腰腿酸痛，马步半张即可。随着循序渐进地练习，很快就能达到自在又到位的境界。

Q2 筋骨僵硬，马步蹲不下去怎么办？

A 每当我示范少林拳法的马步时（p.70），以及演示八段锦第2段“左右开弓似射雕”、第4段“摇头摆尾去心火”、第7段“攒拳怒目增力气”的马步时，因练家子的四平马步、坐马必须臀胯坐低、开腿与地面平行，难度都让很多人又敬又怕。马步可谓中华武术之本，上身坐马、下身步法，腰马合一，通脾胃胆三脉；配合丹田调息，能调振精气神，挺腰强腿，缓解腰酸背痛。

虽然说八段锦温和易做，但少数动作初学者或带病者比较难做到位，如坐马、摇头摆尾、双手攀足。建议这时要量力微调幅度和力度，不要中断练习。而**上身无法压低、心脏病、高血压、眩晕症者也别硬练，改立身圆胯马步即可**。事实上，筋骨越僵硬、虚弱，越缺少运动者，越适合也越需要通过练气功来活血、松筋、强肌！

Q3 我做重训五年了，现在练八段锦的意义是什么？

A 现在做重训的人越来越多，近年来很流行徒手健身、核心肌群锻炼。其实有些部位的重训需要器材辅助，更要长期饮食管理（尤其需摄取足量的高蛋白和淀粉），才能练出并维持肌肉量和肌肉线条。

另一方面，学员跟我聊过，当肌肉练到相当程度，一来训练量很吃力，二来肌肉太夸张身高反而显矮，三来筋肉弹性变僵硬、线条不匀顺，反而没有“小鲜肉”、性感的效果。

这时我就会问：“你练肌肉、练气功的目的是什么？”“做重训和练气功会冲突吗？还是时间管理或偏见的问题呢？”

我常说，任何运动都应该在健身多于耗损的状态下进行。

很多研究也指出，最适合人类的运动种类是有氧运动，或将有氧运动与适度无氧运动相结合。气功如**八段锦（基本功：拉筋、马步、弓步强膝、劲力出拳等），也被很多运动员纳入训练项目**，像高尔夫球员也练推手、瑜伽，拳手也练少林拳、跑步，滑雪选手也练马步、举重。

重训族练八段锦好处多多：能促进废气和清气代谢，让心肺功能变好；强化脊柱和全身筋肉弹性，使肌肉更紧实；训练前热身、训练后舒缓，速排二氧化碳和乳酸，缓解筋肉紧绷和酸痛；促进慢性病的自我疗愈。它既有养生功效，又能融入既有的运动习惯，可不受时地限制，徒手即做，学员们都很乐意将其纳入综合性的训练。

Q4 教练身材如此精实，平常还练哪些功法？

A 2006年我从嵩山少林寺学成返台，身为少林寺第34代传人，为推广少林武学，遂于台北成立释门少林功夫团，教授大众少林拳法、气功八段锦、易筋经等，也继续钻研少林铁头功、五步拳、八步连环拳、太祖长拳、通臂拳、七星拳、龙拳、小洪拳、追风赶月刀、达摩剑、阴手棍，以及中医针灸等养生法。

近年来在台湾先后出版《筋长一寸，寿延十年　拉筋活血八段锦》《超简易八段锦一本通》《5分钟松筋活血伸展操：少林寺传人天天都在练的易筋经》等实用养生书，积累了更多与大众交流的经验。

就我个人习惯，每当我大量教课或练功后，**常做八段锦恢复耗损的能量**。平日则喜欢走路、骑单车，定期也会带功夫团学员们到郊外健行兼练功，吸纳天地正气，欢迎各位新知故交一起加入！

Q5 练功前的热身要做多久？热身完就累了怎么办？

A 建议一热身就累的人，或体力较差者选择较柔和、多部位、不无聊的热身操式，并且放慢呼吸和动作。只要动作做到位，时间做到至少10分钟，热身效果就足够。

我在第2章教过做八段锦之前的热身法：呼吸调息、关节操、拉筋操、少林拳法，可依自身情况选做。

热身的作用有：从意念上准备好要专注做操，放松筋肉关节，提升韧带弹性，并以深层的呼吸调息，慢慢加强心肺功能，提高负荷量。有助于打通瘀阻不顺的筋脉穴位，使练功更顺畅，气血运行加速，找到筋肉施展的最大范围，而且避免练功时受伤。这跟我们做一般运动都需要做足热身一样重要。所以在此，再帮大家整理一下八段锦的热身要领：

Tip 1
只做一段或全套八段锦，
都要先热身。

Tip 2
热身尽量做到10分钟，
要兼顾呼吸、拉筋、关节。

Tip 3
练功后也应做舒缓操，
操式可依当下体能选择。

Q6 八段锦、太极、易筋经……气功很多种，可以混搭练吗？

A 这些都是华人古传的养生功，讲求结合呼吸和肢体动作，以畅通气血经脉，强化脏腑运转。理论上养生功并不会互相抵牾，可以都练习。

不过，**要练完各自功法系统后，再练下一套**，而不是从各系统随意选招混练。这样才能见其成效，且避免衔接困难和受伤。

此外，各养生功的招式并不相同，可依兴趣和当下体能选做。

太极拳以拳法为主，较偏武术。

八段锦是宋朝名将岳飞为军人养生所创，可拆招单练，应用性广，于2003年被国家体育总局列为重点推广的健身气功。

易筋经共十二招，作用于经脉筋络，相传为一千五百年前，达摩祖师为倡导僧人起身运动兼修心所著，做法比八段锦难，很适合进阶训练，宜整套或选连续几招按顺序练，可参考在下另一本书《易筋经》。

另外大家常问我，少林八段锦和一般八段锦有何不同？坊间流传的八个段式的名称稍有不同。因为我师承嵩山少林寺，故本书介绍的是传入少林寺的八段锦。它历经少林武僧近千年的研习验证。少林武僧在中国五大名山之一——嵩山海拔千余米的壮阔山水中，融入禅武医艺的研行，辅以医药的应用，且更讲究功法细节，如吐纳的变化和连贯、劲力和放松、预备功法和心法、收功等，不仅整体的起承转合、身形意念的指导较为完备，更有健身、养生功效。

Q7 八段锦八个动作可以换顺序练吗？练单招可以吗？

A 八段锦最有效的练法为：每天练第1～8段各1～3次，慢慢做10～20分钟。另外，在其他运动前后，或针对某些病症，可选特定招式做8～10次。

没时间做整套八段锦时，像在会议前、飞机上只有几分钟拉筋时间，可以只做单招，视状况增加次数。又如加班很累，想辅助做其他运动，每天就做10次以上第6段“双手攀足护肾腰”。

要注意，只做一招也要有起承转合：关节拉筋热身 → 预备调息 → 练功 → 调息收功 → 重复此段或进行下一段，以免筋骨未开、气行不顺而不见成效。

本书少林八段锦之顺序，是在综合考虑各段效用、气力松紧、调息衔接的基础上排列的，能让身体在和谐中得到最好的运动效果。

此外，后人发展出五段锦、十二段锦、十六段锦、三十二段锦、六十四段锦等，也都属于健身气功，学做哪一家并无限制，但务必打完一套再打另一套，不要拆招混搭。

再者，所谓十二段锦又称“文八段”，出自清朝徐文弼《寿世传真》，源自明朝朱权以八段锦导引法所著《活人心法》，实为十二组坐姿招式。一般八段锦称为“武八段”，以站姿为主。“五段锦”则创行于中国近代民间长者，又称“百岁功”，是以简单五招结合部分八段锦以及毛巾操创作而成的。

Q8 学武之人是不是很多都吃素？那要怎么长肌肉？

A 华人传统武术基本出自军营、寺庙、信仰团体等，理念不脱天地人心、禅武医艺。常有修行较深或因宗教或发仁心而茹素者，这并不是各家守则，但都和饮食智慧密不可分。

现代人身处吃太多、运动少、代谢慢的危机，我经常强调，“少吃多动”不如“吃淡多动”。

运动和健康饮食的观念真的越小培养越好。我很感谢高中的武术恩师林立慧老师，老师不但功夫了得，养生学问和厨艺更是精湛！我们常在老师家阳台练功，收功就进厨房做菜吃饭，马上补充营养。老师烧的菜色香味俱全，还教我们取材要天然新鲜，根据季节选材搭配，让我们学到练功与饮食并重的健康生活理念。

这段宝贵的经验促使我大学选修食品营养系，加上之后进少林寺开始茹素，我更深刻体会到天然新鲜食材的四大优点——**营养品质好、烹调程序少、帮助代谢排毒作用强！**

少林寺的膳食为素食，过午不食，而且每天清晨四点半开始练功，一天至少练12小时，但武僧们并没有因为吃素而营养不足、肌肉虚弱，我当时的体格、体能真是人生的巅峰。关键营养素蛋白质，从豆类、叶菜、谷类、根茎类、坚果等食物中都能摄取足够量。

下页即介绍富含蛋白质的植物类食物，很多研究也指出，**植物性蛋白质**是优良的蛋白质来源，让身体好吸收又无负担，还成为不少“富贵病”的救星。

强肌减脂一碗搞定！富含蛋白质的植物类食物

1 豆类

大豆
豆芽
豌豆
毛豆

- 豆芽韭蒜拌香油黑胡椒
- 蒜炒豌豆
- 香蕉豆浆奶昔
- 毛豆炒豆干芹菜

2 叶菜

大豆苗
菠菜
紫高丽
甘蓝
西蓝花
香菜

- 卤豆皮卷菠菜
- 紫高丽打木瓜鲜奶
- 百合炒大豆苗
- 西蓝花炖马铃薯

3 谷类

藜麦
燕麦
荞麦
甜玉米

- 红藜饭拌蒜末橄榄油
- 燕麦坚果粥
- 有机玉米菜头汤
- 杂谷饭蒸南瓜

4 根茎类

马铃薯
牛蒡
山药
芦笋

- 白醋酱油拌牛蒡丝
- 紫山药炒西蓝花
- 芦笋玉米笋烩香菇
- 椒瓜蛋白丁薯泥

5 坚果

南瓜子
腰果
花生
杏仁

- 南瓜子优酪乳
- 快炒青椒花生玉米粒
- 煮南杏薏仁打浆
- 腰果炒荷兰豆

6 其他

黄瓜
青椒
香菇
日晒番茄干
香蕉
藻类

- 蒜炒黄瓜黑木耳丝
- 青椒镶蘑菇
- 番茄干罗勒面包
- 香菇豆皮卤蛋

Q9 教练平常都吃什么？有吃营养补充剂吗？

A 我日常三餐的原则是——

1. **食材天然、六类均衡、口味清淡，其次再计较热量；**
2. **重点补充豆类、坚果、优酪乳；**
3. **粗估一天摄取热量男性2000千卡**（1千卡=1000卡≈4000焦耳）、**女性1600千卡；**
4. **短期对症调理、长期养生保健**。

我喜欢下厨，但没法每餐都自己煮，外食也会照原则“挑食”。虽然我现在体格精实，但也曾松懈过。2006年从少林寺回台湾时，很想念家乡美食而不忌口，某天发觉功夫服“缩水”时，已经胖了10千克！从此努力改正饮食并加强练功，才能37天减掉10千克。至今我的减肥菜单仍是学员间流传的佳话。下面就是**“林教练减重三餐菜单（每日2081千卡）”**：

早餐 443 大卡	•白吐司3片 225千卡 •生菜30克 12千卡 •低脂奶酪1片 51千卡 •番茄2片 5千卡 •综合果汁 150千卡（苹果、柠檬、柳橙各1个）
午餐 708 大卡	•豆浆250毫升 145千卡 •香蕉1根 100千卡 •清炒意大利面 463千卡 （笔管面70克、红萝卜100克、西蓝花100克、水煮蛋1个、低脂奶酪1片、橄榄油少许、黑胡椒粉少许、盐少许）
晚餐 730 大卡	•优酪乳250克 215千卡 •奇异果2个 80千卡 •青菜豆腐汤面 435千卡 （面条75克、豆腐150克、小白菜100克、番茄1个、墨鱼丸50克、盐少许）
补充 200 大卡	•综合坚果30克 200千卡 （南瓜子、杏仁、腰果、核桃、花生、松子混搭各少许）

Q10 筋骨受伤过，不能久站，也可以练八段锦吗？

A 身体遇到特殊状况时，也有变通方法能继续做八段锦：

1. **无法站立时：**八段锦以站姿为主，但坐着、躺着也能做，有呼吸就能练。只要以呼吸启动每个步骤，身体能动的部位就做，不能做的则持续呼吸行气，以意念想象完成。我们学员有打球扭伤脚的、怀孕的、因强直性脊柱炎而驼背的都没有缺课，甚至中风后做康复的病人也依此照常练功。

坐着也能做八段锦，如第5段“五劳七伤往后瞧”。

2. **怀孕时：**妇科医生常提醒，怀孕前四个月不宜激烈运动，但妊娠中后期必须养成运动习惯，锻炼体力保护胎儿，并助力顺利生产。准妈妈做八段锦，目的在调息和放松身心，以强化呼吸为主，动作为辅。要避免震脚、力度过大，适合的段式如“调理脾胃单举手”“五劳七伤往后瞧”“背后七颠百病消”，有助于缓解怀孕水肿、便秘、腰酸脚麻、妊娠“三高”等。

3. **病后休养时：**此时做八段锦，能以最少耗能，产生最大效用，提振自愈力和免疫力，加速新陈代谢。特别注意，练功前做足热身，练功后做舒缓伸展，感觉身心是放松的，就能持续练习。需提醒的是，开刀后、筋肌炎、拉伤者，避免做力度太大的步骤。或者只要持续呼吸，在想象中过渡到下一步骤。重感冒者宜暂时休息，让体能全力对抗病毒，早日康复。

Q11 练八段锦能帮助长高吗？有年龄限制吗？

A 很多父母都常问我类似的问题。要说孩子的身高，其实跟遗传、营养、运动、睡眠都有关系。

练八段锦不是长高的保证。孩子练功的目的是为充分活动，感受身心协调快乐，久之能身体强健、心明自信、视野开阔。遇到霸凌不公，也能自保。

我们释门少林功夫团，年龄最小的学员读小学一年级，年长的七十、八十岁的都有。

少林武术有很多男女老少皆宜的内功与养生法，我们的初级班就以少林八段锦及少林易筋经作为练习主课，从基础功法教起，适合缺乏运动、需改善体质者，年长者可强化体力、延缓衰老。男女老少都可学习，通过少林武功的基本功法、拳法、呼吸调息法的锻炼，增强身体平衡、肢体力量与协调，让健康由内而外逐步强化，逐渐提升身心健康水平。

释门少林功夫团男女老少学员，齐赴嵩山少林寺朝山，与方丈和武僧师兄们合影。

Q12 练气功减肥会不会太慢？推荐容易瘦的方法吧。

A 慢瘦也有好处，这样瘦得实在、匀称，不易复胖。八段锦属于气功，算是有氧运动，在深层吐纳中，氧气带动气血循环，并供应肌肉组织运动。而作用的过程和缓，血糖不会一下子降低，让人觉得肚子饿想吃东西；也不会让人觉得筋骨负担太大、动作太难而想放弃。

八段锦的动作外形温和，但一旦熟练，对内脏系统、肌肉强化的作用不亚于慢跑、瑜伽、骑单车，尤其“左右开弓似射雕”“摇头摆尾去心火”“攒拳怒目增力气”，都是比较强力的全身、全方位肢体运动，持续做20分钟可燃脂约100千卡。光是扎马步反复下蹲、起身1分钟，就能燃脂又健腿。

前文Q8、Q9分享了我的三餐养生饮食原则和减肥经验，减肥的两大法则没有捷径，**就是要改正饮食，养成运动习惯**：一为改善代谢力，要提升气血活性和疏通经络；二为加强肌力，按摩组织和神经，稳固脏腑脊椎，塑造挺立体态。而且，每练成1磅（0.454千克）肌肉，一天能多燃烧50千卡热量。

如果你练八段锦很久了，但健康、体态没有明显改善，可能是被不良的作息和饮食拖累，也可能是练八段锦的要点不正确。

（1）练习时最好选空气清新和远离电子产品的地点。

（2）做操前后充分热身和舒缓。

（3）熟练时以呼吸吐纳导引肢体动作。

（4）依体能情况选招式且量力而为。

（5）饭后和睡前1小时内不要做操。

备案号：豫著许可备字-2019-A-0019

图书在版编目（CIP）数据

肌肉解剖透视版健身八段锦/林胜杰著. —郑州：河南科学技术出版社，2019.8
ISBN 978-7-5349-9548-4

Ⅰ. ①肌… Ⅱ. ①林… Ⅲ. ①八段锦—基本知识 Ⅳ. ①G852.9

中国版本图书馆CIP数据核字(2019)第104624号

林胜杰

【法号】延胜（少林寺第34代弟子）

【现任】释门少林功夫团团长
释门少林养生功夫文化会馆负责人

林胜杰来自台北板桥，从小体弱多病，一直是医院的常客。7岁起，父亲教他练武术，身体才渐渐改善，也从此爱上练武。于辅仁大学餐饮管理系毕业后，武艺无从施展，又面临就业压力，茫然的他想起高中时武术恩师林立慧的鼓励："一定要进少林寺看看！"于是申请入少林寺进修，写了无数封信后才终于获准。

林胜杰进少林寺受训时已经24岁，身心自比一般小沙弥承受更大的压力。然而他挺过两年的磨炼，正式入选少林寺武僧团，成为释永信方丈亲收的第一位台湾弟子。在此期间，他练就了易筋经、少林拳、少林剑棍、铁头功等少林功法，并建立起自信与自在的人生心法。

2006年，他回台湾成立释门少林功夫团，陆续著书《台湾铁头出少林》《筋长一寸，寿延十年 拉筋活血八段锦》等，致力于推广少林禅、武、医、艺文化，并诚心分享个人习武强身、养生饮食等秘诀。高深的造诣，加上认真谦和的态度，让他的学员和支持者遍及海峡两岸。

2018年，成立释门少林养生功夫文化会馆，并教授少林功夫，如八段锦内功、少林点穴调理、上班族午休八段锦等课程，期许成为少林寺在台湾的窗口，让更多人了解少林功夫与文化。

出版发行：河南科学技术出版社
地址：郑州市郑东新区祥盛街27号　邮编：450016
电话：（0371）65737028　65788613
网址：www.hnstp.cn
策划编辑：刘　欣
责任编辑：杨　莉
责任校对：崔春娟
封面设计：张　伟
责任印制：张艳芳
印　　刷：北京盛通印刷股份有限公司
经　　销：全国新华书店
开　　本：720 mm × 1020 mm　1/16　印张：12　字数：200千字
版　　次：2019年8月第1版　2019年8月第1次印刷
定　　价：58.00元